Raimund Zernik
Möbel für die Puppenstube

Raimund Zernik

Möbel für die Puppenstube

Die Deutsche Bibliothek - CIP-Einheitsaufnahme
Möbel für die Puppenstube / Raimund Zernik. - Wiesbaden: Englisch, 1995
ISBN 3-8241-0631-0
© by F. Englisch GmbH & Co Verlags-KG, Wiesbaden 1995
ISBN 3-8241-0631-0
Fotos: Axel Weber
Printed in Spain

Inhaltsverzeichnis

Vorwort

Puppenmöbel und Puppenstuben sind als Spielzeug pädagogisch wichtig und als Sammelobjekt sehr beliebt.

Seit ca. 400 Jahren werden diese Miniaturen gesammelt und getauscht.

Heute erfreuen sie sich einer immer größeren Beliebtheit. Nicht nur historische Puppenstuben, die gesammelt werden, sondern auch moderne Puppenmöbel zum Spielen sind relativ teuer. Dieses Buch möchte Ihnen dabei helfen, Puppenmöbel selbst herzustellen.

Mit einfachem Werkzeug und mit Hilfe meiner genauen Anleitungen wird es Ihnen nicht schwerfallen, diese schönen Einrichtungsgegenstände selbst herzustellen.

An dieser Stelle möchte ich meiner Frau und meinem Sohn danken, die mir bei der Erstellung dieses Buches sehr geholfen haben.

Ich wünsche Ihnen viel Spaß beim Nacharbeiten der Möbel und beim Einrichten Ihrer Puppenstube.

Raimund Zernik

Kleine Einführung in die Geschichte

Die Geschichte der Puppenstuben und -möbel reicht ca. 400 Jahre zurück.

In früheren Jahrhunderten spielten die Kinder von ärmeren Familien meistens in sogenannten offenen Puppenstuben, aber auch diese waren mit allem, was man benötigte, ausgestattet. Kinder von wohlhabenden Familien besaßen oft große, komplett eingerichtete Puppenhäuser.

Die ersten Puppenmöbel bestanden aus relativ einfachen Holzarten und Materialien. In der heutigen Zeit werden meist hochwertige Edelhölzer verwendet. Natürlich konnten sich wohlhabende Menschen in der damaligen Zeit schon hochwertige Puppenhäuser und -möbel beschaffen. Ein Beweis dafür ist der Titans-Palast, der im Freizeitpark Legoland in Dänemark aufgebaut ist und den Sie unbedingt mal besuchen sollten.

Aber nun wollen wir die Geschichte hinter uns lassen, denn ich habe mich für die moderne Zeit entschieden, und diese spiegelt sich in den Puppenmöbeln wider, die ich für Sie entworfen habe.

Herstellung von Puppenmöbeln

Allgemeine Hinweise

Bei der Gestaltung der in diesem Buch vorgestellten Modelle habe ich darauf geachtet, daß die Puppenmöbel einfach und genau nachzuarbeiten sind.
Natürlich sind Ihren Ideen und Ihrer Kreativität keine Grenzen gesetzt. Beachten Sie aber, daß Ihre Puppenmöbel spielgerecht bleiben.
Für die Erstellung aller Vorlagen können Sie Pergament- oder Kohlepapier verwenden.
Zum Übertragen auf das Holz verwenden Sie einen weichen Bleistift und ein Lineal.
Normalerweise wird versucht, das Holz so gut wie möglich auszunutzen, um wenig Abfall zu produzieren. Aber an manchen Stellen bietet sich vielleicht eine besondere Maserung an, die Ihrem Möbelstück ein individuelles Aussehen verleiht. Dann sollten Sie etwas mehr Abfall ruhig in Kauf nehmen.
Für verschiedene Teile der Puppenmöbel bietet sich eine bereits zugesägte Kante an, da diese schon eine gerade Fläche hat.
Bei allen Modellen habe ich mir lackierte Holzkugeln als Griffe zunutze gemacht. Der Anbau ist relativ einfach, und Kinder finden, es sieht lustig aus.
Zuletzt möchte ich noch erwähnen, daß Sie mit einfachen Puppenmöbeln wie Betten, Schränken oder Tischen beginnen sollten. Wenn Sie etwas Übung haben, können Sie sich auch an schwierigere Teile wagen.

Werkzeug und Zubehör

Um Puppenmöbel herzustellen, benötigen Sie einige Werkzeuge.
Bei der Anschaffung sollten Sie darauf achten, nicht die einfachste Ausführung zu erwerben.

Werkzeug
– Laubsägebogen
– Sägeblätter
– Sägetischchen
– Schraubzwinge
– Bohrmaschine
– Holzbohrer in verschiedenen
  Größen
– Feinbohrmaschine
– Gehrungslade
– Feinsäge
– Stichsäge (falls vorhanden)
– Schere

Zubehör
– Holzleim
– Sägeblätter für Holz,
  verschiedene Stärken
– Klarlack
– Schleifpapier (Sandpapier)
– Holzkugeln, lackiert,
  verschiedene Größen
– Bastelkarton für Schablonen
– Bleistift
– Schaumstoff
– Stoffreste
– Nadel und Faden

Um die Werkzeuge richtig einsetzen zu können, benötigen Sie außerdem einen stabilen Tisch oder eine Werkbank. Bitte verwenden Sie das Werkzeug nur für Holzarbeiten, da die meisten Schäden auf Zweckentfremdung zurückzuführen sind.

Verschiedene Holzarten

Um Holz richtig bearbeiten zu können, sollten Sie sich einige grundlegende Eigenschaften zunutze machen. Buchen- und Kiefernsperrholz sowie Pappel-

holz und Modellbauholz eignen sich hervorragend für die Erstellung von Puppenmöbeln.
Diese Holzarten lassen sich mit der Laub- und Feinsäge gut aussägen.

Kiefernsperrholz
Es eignet sich sehr gut für viele Vorschläge, die ich Ihnen in diesem Buch vorstelle.
Kiefernsperrholz sollte gut abgelagert und nicht feucht sein. Die schöne Maserung des Holzes sollten Sie sich zunutze machen.
Beachten Sie beim Schleifen, daß das Holz an den Kanten nicht aussplittert.

Buchenholz
Dieses Holz ist meistens strukturarm und zählt zu den Holzarten, die mit der Laub- und Feinsäge relativ schwer zu bearbeiten sind.
Sollten Sie sich doch für dieses Holz entscheiden, achten Sie darauf, nicht zu dickes Holz zu wählen.

Modellbauholz
Der Preis für dieses Holz ist relativ hoch, aber es ist zur Herstellung verschiedener Modelle unerläßlich.
Es läßt sich mit der Laubsäge gut aussägen. Verwenden Sie Sägeblätter Nr. 1 und ganz feines Schleifpapier.

Pappelholz
Pappelholz ist in seiner Art und Farbe sehr hell und eignet sich gut für Anfänger.
Für die meisten Modelle in diesem Buch habe ich Pappelholz verwendet. Das Schleifen und Bohren ist bei diesem Holz sehr einfach.
Alle diese Holzarten können Sie in Baumärkten kaufen. Sollten Sie einmal die genannten Holzstärken nicht bekommen, können Sie ohne Probleme auch etwas dickeres oder dünneres Material verwenden. Der Unterschied beträgt meistens nur Millimeter.
Auch Reste aus Sperrholz sind sehr gut geeignet. Oft können Sie sie günstig in Baumärkten erwerben.

Arbeitsablauf

Übertragen
Jedes Werkstück, das ausgesägt wird, müssen Sie genau auf das Holz übertragen.
Für die verschiedenen Seitenteile, die mit geraden Kanten versehen sind, können Sie ein Lineal benutzen. Haben die Teile jedoch Rundungen, verwenden Sie eine Schablone. Zeichnen Sie die Schablone auf Bastelkarton auf, und schneiden Sie sie sauber und exakt aus. Wenn mehrere Stücke ausgesägt werden, benutzen Sie die gleiche Schablone.
Benutzen Sie die bereits ausgesägten Teile als Vorlage, werden die nachfolgenden Werkstücke immer größer, und der Zusammenbau der Teile wird sehr schwierig.

Laubsägen

Für das Sägen benötigen Sie eine Laubsäge und Sägeblätter Nr. 1-3. Sie sollten am Anfang einige Übungsstücke erstellen, um ein Gefühl für die Laubsäge zu bekommen.

Beim Kauf von Laubsäge und Zubehör sollten Sie darauf achten, daß Sie gute Arbeitsgeräte kaufen. Die Sägetische, die im Handel angeboten werden, sind oft aus Kunststoff.

In Eigenarbeit können Sie sich preisgünstig ein Sägebrettchen herstellen. Verwenden Sie einfach ein dickes, rechteckiges Holzstück, und befestigen Sie es mit einer großen Schraubzwinge, damit es beim Sägen nicht verrutschen kann.

Sägeblätter sollten Sie in verschiedenen Stärken kaufen. Sie werden immer so eingespannt, daß die Zahnung nach unten zeigt. Befestigt werden die Säge- blätter erst an der oberen Schraube und dann an der unteren. Achten Sie darauf, daß der Bügel etwas zusammengepreßt wird, damit das Sägeblatt Spannung bekommt. Es sollte einen singenden Ton von sich geben.

Die richtige Haltung beim Sägen ist maßgebend für das zu erarbeitende Endprodukt. Wenn Sie den Griff der Laubsäge fest umfassen, sollte der Bogen am rechten Oberarm verlaufen. Beginnen Sie nun langsam, den Laubsäge- bogen gleichmäßig hoch und runter zu ziehen und dabei leichten Druck auszuüben. Das Sägeblatt muß immer senkrecht verlaufen, da sonst die Schnittfläche eine Schrägung aufweist.

Im Uhrzeigersinn wird nun das Werkstück ausgesägt, die Schnittfläche wird dann glatter, und Sie ersparen sich viel Schleifarbeit. Wenn um Ecken, Kanten und Rundungen gesägt wird, sollten Sie immer genügend Zwischenraum lassen und dann das Holzstück in die gewünschte Richtung drehen. Wird bei einem Teil ein Stück herausgesägt, bohren Sie mit der Feinbohrmaschine ein kleines Loch, ziehen das Sägeblatt hindurch, sägen das Stück aus und erhalten so ein fertiges Werkstück.

Schleifen

Die ausgesägten Arbeitsstücke müssen immer sauber mit Sandpapier ge- schliffen werden. Es gibt Schleifpapier in verschiedenen Körnungen. Zum Schleifen der Puppenmöbel empfehle ich Ihnen feines Schleifpapier.

Schleifen Sie gerade Werkstücke, legen Sie das Papier auf die Arbeitsfläche, und schieben Sie das Arbeitsstück so lange hin und her, bis die Fläche glatt ist. Sollen kleine Kanten, Rundungen oder Öffnungen ausgeschliffen werden, knicken Sie das Sandpapier. Der Vorgang des Schleifens ist dann beendet, wenn sich das Arbeitsstück glatt und warm anfühlt.

Leimen und Kleben

In fast allen Baumärkten finden Sie viele verschiedene Leime, die umwelt- freundlich und lösungsmittelfrei sind.

Weißleim verfügt über eine hohe Festigkeit und trocknet transparent auf. Die Raumtemperatur verkürzt die Preß- und Trockenzeit. Verarbeiten Sie diesen Leim nicht unter 4° Celsius.

Tragen Sie den Leim auf die gesamte Fläche der zu verbindenden Arbeitsteile dünn auf, und fügen Sie die Stücke zusammen. Nach einer Trockenzeit können Sie weiterarbeiten.

11

Sie können natürlich auch andere Kleber verwenden, aber bitte denken Sie immer daran, daß Sie umwelt- und gesundheitsbewußt handeln.

Kissen und Matratzen
Kleingemusterte Stoffreste eignen sich am besten zur Herstellung von Sitzkissen, Tischdecken, Bettdecken und Gardinen usw.
Bettmatratzen schneiden Sie aus Schaumstoffresten zu. Wenn Sie eine Nähmaschine besitzen, ist es relativ einfach, das Puppenstuben-Zubehör selbst herzustellen.
Passen Sie die jeweiligen Teile den fertigen Puppenmöbeln an, und schneiden Sie sie zu. Mit der Nähmaschine oder mit der Hand werden sie zusammengenäht. Zum Schluß werden Kissen und Bettdecken mit Füllwatte gefüllt.

Bemalen und Beizen
Bemalte Puppenmöbel werden von Kindern bevorzugt, denn sie lieben alles, was bunt und farbig ist.
In Bastelläden können Sie alle Farben, die Sie zur Gestaltung der Puppenmöbel benötigen, kaufen. Sie sollten aber immer darauf achten, daß Sie nur wasserlöslichen und lösungsmittelfreien Lack oder Beize verwenden. Sie können damit einiges zum Umweltschutz beitragen. Die benutzten Pinsel lassen sich ganz einfach mit Wasser reinigen.
Wasserlösliche Beize ist gut geeignet für Kieferholz-Puppenmöbel, denn durch das Beizen kommt die Maserung des Holzes sehr gut zur Geltung.
Die angerührte Beize ist in verschließbaren Behältern über längere Zeit haltbar. Sie sollten allerdings vorsichtig damit umgehen, da sich Flecken nur sehr schwer wieder entfernen lassen.
Puppenmöbel, mit denen gespielt wird, sollten mit einem umweltfreundlichen Klarlack eingesprüht werden, damit sie vor Verschmutzung geschützt sind. Dabei ist es unwichtig, ob die Möbel bemalt sind oder nicht. Lassen Sie die bemalten oder gebeizten Puppenmöbel über Nacht gut durchtrocknen.

Einfache Puppenmöbel

Aus zugesägten Brettchen oder Holzresten lassen sich ganz leicht einfache Puppenmöbel herstellen.
Durch die Erarbeitung solcher einfachen Teile bekommen Sie langsam Übung in der Herstellung von Puppenmöbeln, danach können Sie sich an anspruchsvollere Teile wagen.

Großes und kleines Bett

Diese beiden Puppenbetten sind sehr einfach herzustellen, dabei können Sie auch gut kleine Reste von Kiefernsperrholz aufarbeiten. Als Geschenk zu einer Geburtstagsfeier sind sie bestens geeignet.

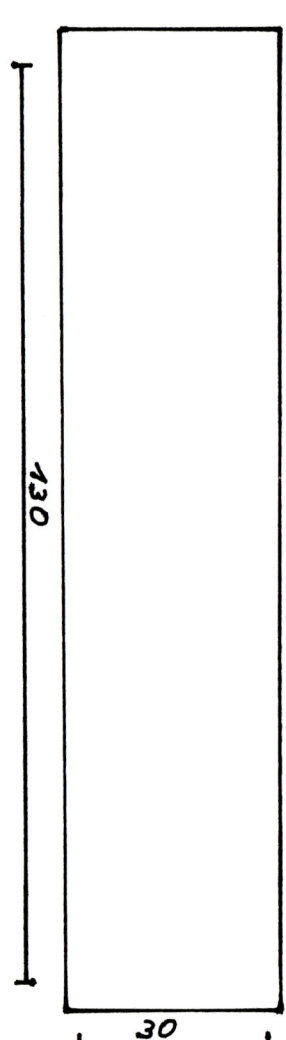

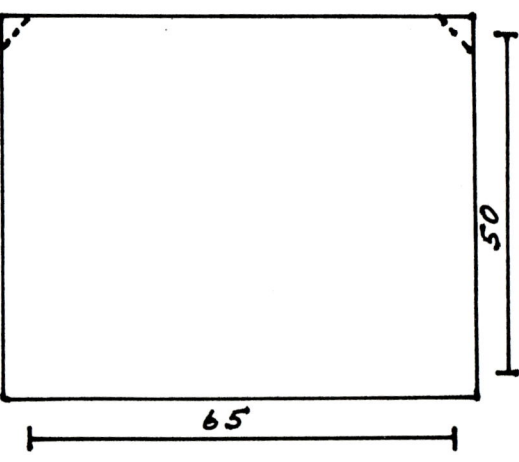

*Vorlage für kleines Puppen-
bett, Maßstab 1:1*

Material

Kleines Puppenbett
2 x 5 mm Pappelholz, 6,5 x 5 cm (Kopf- und Fußteil)
2 x 5 mm Pappelholz, 13 x 3 cm (Seitenteile)
1 x 2 mm Sperrholz, 13 x 5 cm (Bodenteil)
2 x 5 mm Vierkantleiste, 13 cm
Weißleim
Sandpapier der Körnung 180-200
Stoffreste, Füllwatte

Großes Puppenbett
2 x 5 mm Pappelholz, 9 x 7,5 cm (Kopf- und Fußteil)
2 x 5 mm Pappelholz, 16 x 4 cm (Seitenteile)
1 x 2 mm Sperrholz, 16 x 7,5 cm (Bodenteil)
2 x 5 mm Vierkantleiste, 16 cm
Weißleim

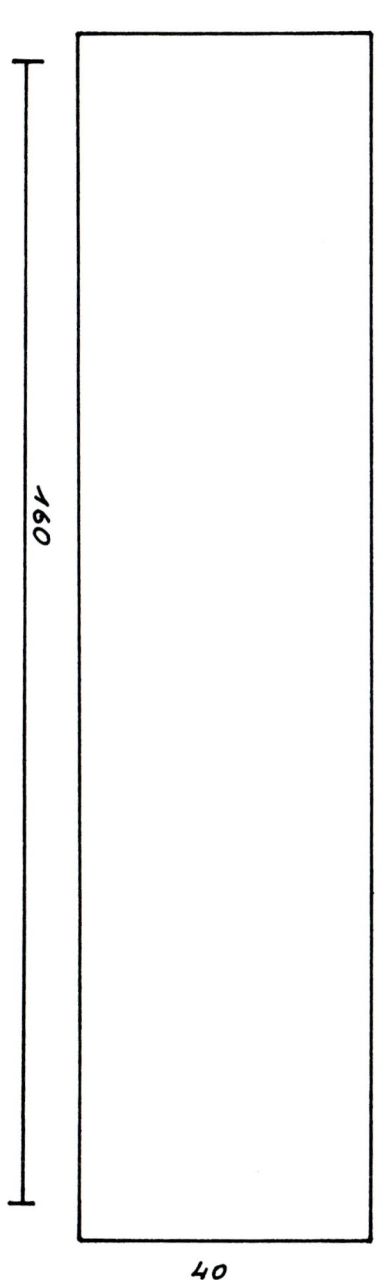

160

40

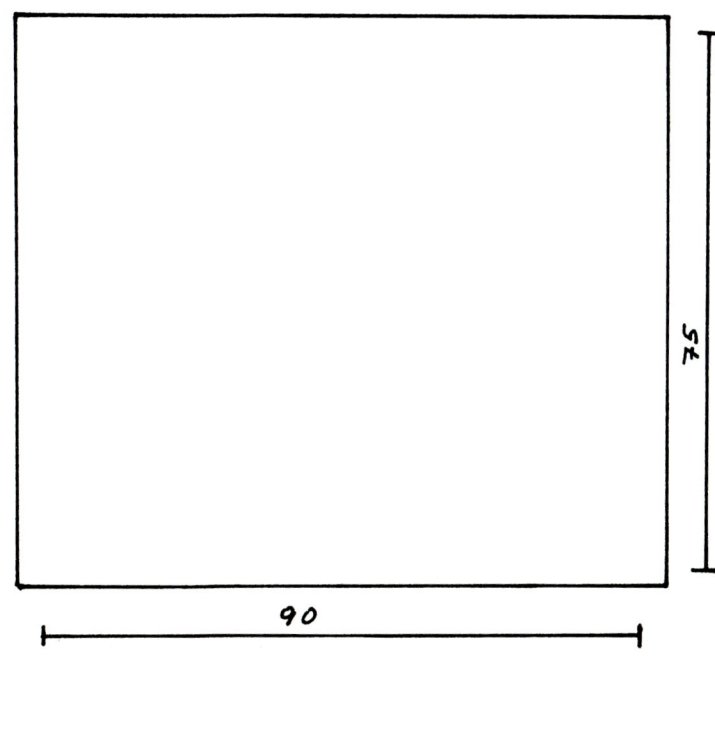

75

90

Vorlage für großes Puppen-bett, Maßstab 1:1

Sandpapier der Körnung 180-200
Stoffreste
Füllwatte

Arbeitsanleitung

Mit Lineal und Bleistift werden die angegebenen Maße genau auf das Holz
gezeichnet. Mit der Laubsäge sägen Sie danach Kopf- und Fußteil aus.
Wenn Sie eine Gärungslade mit Feinsäge besitzen, können Sie die beiden
Seitenteile für das Bett einfach zusägen, danach folgen im gleichen Prinzip
Bodenteil und Vierkantleisten.

Die ausgesägten Holzteile schleifen Sie mit feinem Schleifpapier glatt. Nun werden die Seitenteile am Kopfteil mit Weißleim festgeklebt. Nach kurzer Ruhezeit können Sie das Fußteil ankleben. Jetzt können Sie die Vierkantleisten an der unteren Innenseite der Seitenteile fixieren und dann den Boden einsetzen.

Kissen und Bettdecke schneiden Sie aus Stoffresten zu und nähen sie mit gleichfarbigem Nähfaden zusammen. Durch eine kleine Öffnung füllen Sie Watte hinein und nähen das Bettzeug mit kleinen Stichen zu.

Wohnzimmer

Eine stimmungsvolle Atmosphäre kann sich in diesem gemütlichen Wohnzimmer entfalten. Sie werden Ihre helle Freude daran haben, wenn Sie diese Puppenmöbel fertiggestellt haben. Werden Sie jedoch nicht ungeduldig, denn man braucht schon einige Arbeitsstunden dafür.
Exaktes und sauberes Arbeiten ist bei dieser Art von Puppenmöbeln Voraussetzung.
Diese Wohnzimmereinrichtung eignet sich natürlich auch zum Bemalen und Beizen. Wird mit den Möbeln gespielt, ist es ratsam, sie mit umweltfreundlichem Klarlack einzusprühen.

Sitzgruppe

Beginnen Sie mit dem Zusammenbau der Sitzgruppe. Die Kanten sind relativ rund gehalten, und der Zusammenbau ist einfach.

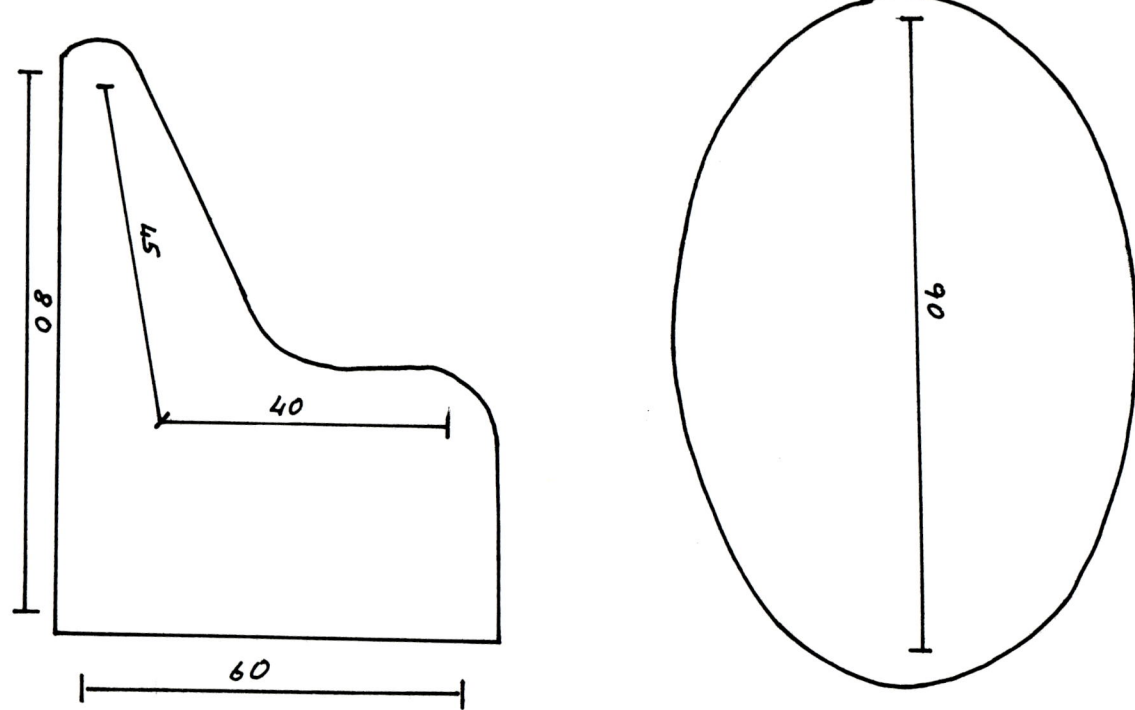

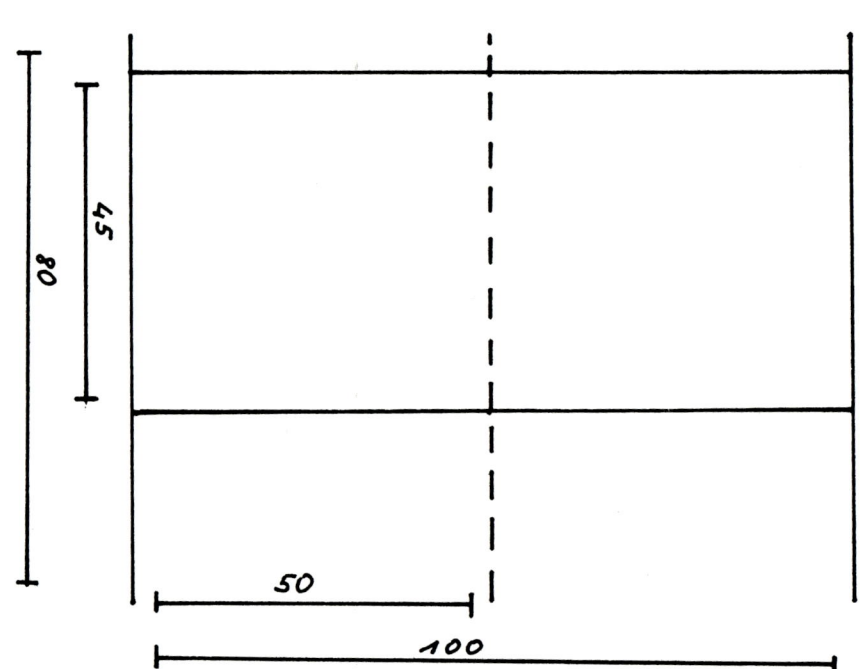

Vorlage Wohnzimmer (Sitzgruppe und Tisch), Maßstab 1:1

Material

6 x 5 mm Pappelholz, 80 x 60 cm (Seitenteile)
2 x 5 mm Pappelholz, 4 x 5 cm (Sitzflächen Sessel)
2 x 5 mm Pappelholz, 4,5 x 5 cm (Rückenteile Sessel)
1 x 5 mm Pappelholz, 4 x 10 cm (Sitzfläche Sofa)
1 x 5 mm Pappelholz, 4,5 x 10 cm (Rückenteil Sofa)
Weißleim
Sandpapier der Körnung 180-200
Stoffreste
dünnen Schaumstoff oder Vlies
Füllwatte

Arbeitsanleitung

Übertragen Sie die Schablonen für die Seitenteile der Sitzgarnitur vom Original auf dicken Bastelkarton, schneiden Sie sie aus, und zeichnen Sie sie genau auf das Holz auf. Für die Sitzflächen der Sessel werden 2 Teile mit 4 x 5 cm und zwei Rückenteile mit 5 x 4,5 cm aufgezeichnet.
Das Sofa erhält die gleichen Seitenteile, 1 x 10 x 4 cm für die Sitzfläche und 1 x 10 x 4,5 cm für das Rückenteil.
Sägen Sie alle Werkstücke genau und sauber aus. Dann schleifen Sie alle Teile mit Sandpapier glatt und rund. Kleben Sie nun die Sitzfläche und das Rückenteil an den Seitenteilen fest. Nach kurzer Trockenzeit befestigen Sie die zweite Außenfläche.
Sofa und Sessel werden gleich gearbeitet. Lassen Sie die Möbel gut durchtrocknen. In der Zeit können Sie die Sitzkissen aus Reststoff mit der Schere zuschneiden, mit Vlies oder Schaumstoff füllen und mit kleinen Nadelstichen zunähen.
Zuletzt kann die fertige Sitzgarnitur mit umweltfreundlichem Klarlack behandelt werden.

Wohnzimmertisch

Für das Wohnzimmer habe ich einen ovalen Tisch entworfen. Natürlich können Sie auch einen rechteckigen oder quadratischen Tisch bauen.

Material

1 x 5 mm Pappelholz, 9 x 6,5 cm (Tischplatte)
4 x 5 mm Pappelholz, 2,5 x 2 cm (Beine)
Sandpapier der Körnung 180-200
Weißleim

Fertigen Sie eine Schablone an, und übertragen Sie diese auf das Holz. Die Tischplatte muß nun exakt ausgesägt werden. Danach sägen Sie die vier kleinen Holzstücke, die als Beine dienen, ab.
Schleifen Sie alle Teile glatt und rund. Mit schnell abbindendem Weißleim kleben Sie die Beine in V-Form an die Unterseite der Tischplatte. Lassen Sie den Tisch gut trocknen.

Wohnzimmertisch

Beistelltisch und Lampe

Dieser Tisch ist relativ einfach zu arbeiten. Bei der Lampe können Sie sich für das vorgestellte Motiv entscheiden oder Ihrer Phantasie freien Lauf lassen.

Material

1 x 5 mm Pappelholz, 4 x 4 cm (Tischplatte)
2 x 5 mm Pappelholz, 3,5 x 4 cm (Seitenteile)
2 mm Modellbauholz (Kreis)
Holzglocke als Lampenschirm
20 mm Holzkugel, 3 mm Rundholz
Sandpapier der Körnung 180-200
Weißleim
Glanzlack (rot)

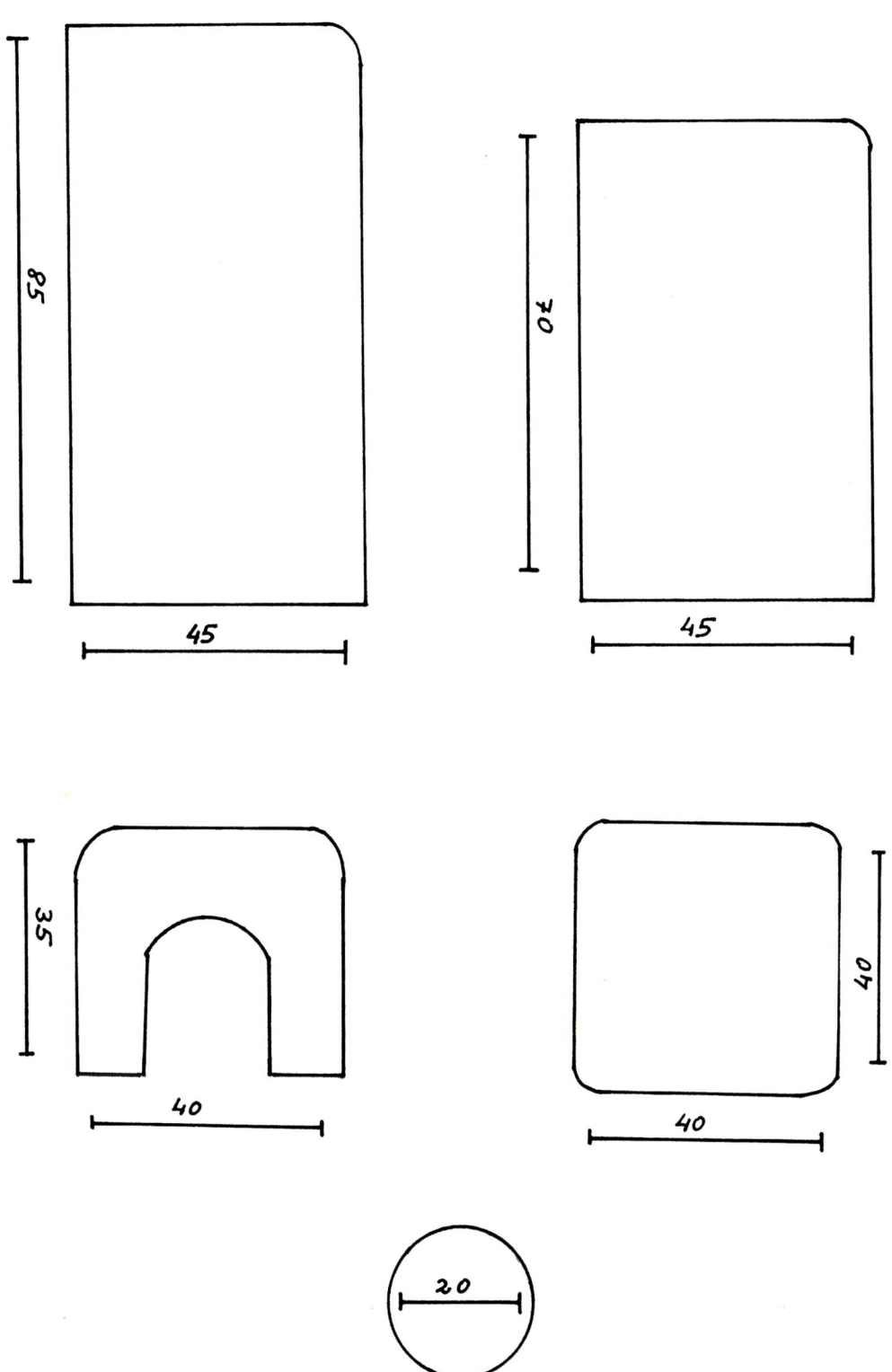

Arbeitsanleitung

Erstellen Sie eine Schablone vom Tisch, übertragen Sie diese auf das Holz, und sägen Sie die Teile aus. Schleifen Sie alle Teile glatt. Dann kleben Sie die Tischplatte zwischen die beiden Seitenteile.

Für die Lampe sägen Sie einen kleinen runden Kreis aus. Von einem Rundholz schneiden Sie ein 5 mm langes Stück zu. Dann kleben Sie das Rundholz

Beistelltisch und Lampe

in die Holzkugel und Glocke. Zuletzt kleben Sie die kleine runde Platte auf die Holzkugel. Wenn Sie möchten, können Sie die Holzglocke bunt bemalen.

Wohnzimmerschrank

Dieser Schrank wird Ihr Puppen-Wohnzimmer vervollständigen. Er wirkt gemütlich, und die Puppenfamilie wird sich wohl fühlen.

Material

1 x 5 mm Pappelholz, 7 x 4,5 cm (linkes Seitenteil)
1 x 5 mm Pappelholz, 8,5 x 4,5 cm (rechtes Seitenteil)
2 x 5 mm Pappelholz, 15 x 4,5 cm (Bodenteil und Mittelplatte)
1 x 5 mm Pappelholz, 15 x 4 cm (Rückenwand unten)
1 x 5 mm Pappelholz, 3,5 x 3,5 cm (Brett für das rechte Regal)
2 x 5 mm Pappelholz, 7 x 3,5 cm (seitliches Teil für das Oberregal)
1 x 5 mm Pappelholz, 7,5 x 3,5 cm (oberes Brett vom Regal)
2 x 5 mm Pappelholz, 4,5 x 3,5 cm (schräges Brett oben)

2 x 5 mm Pappelholz, 6,3 x 3,5 cm (Regaleinsatz)

1 x 7 mm Rundholz, 3,5 cm

1 x 2 mm Modellbauholz, 7,5 x 6,8 cm (Rückenwand vom Regal)

2 x 5 mm Pappelholz, 7 x 3,8 cm (Schubladen)

2 x 2 mm Modellbauholz, 6,8 x 2,7 cm (Boden für Schubladen)

4 x 2 mm Modellbauholz, 3,4 x 2,7 cm (Seitenteile von Schubladen)

2 x 2 mm Modellbauholz, 6,8 x 3,5 cm (Rückenteile von Schubladen)

2 x 1 cm Holzperlen für Schubladen

Sandpapier der Körnung 180-200

Weißleim

Glanzlack

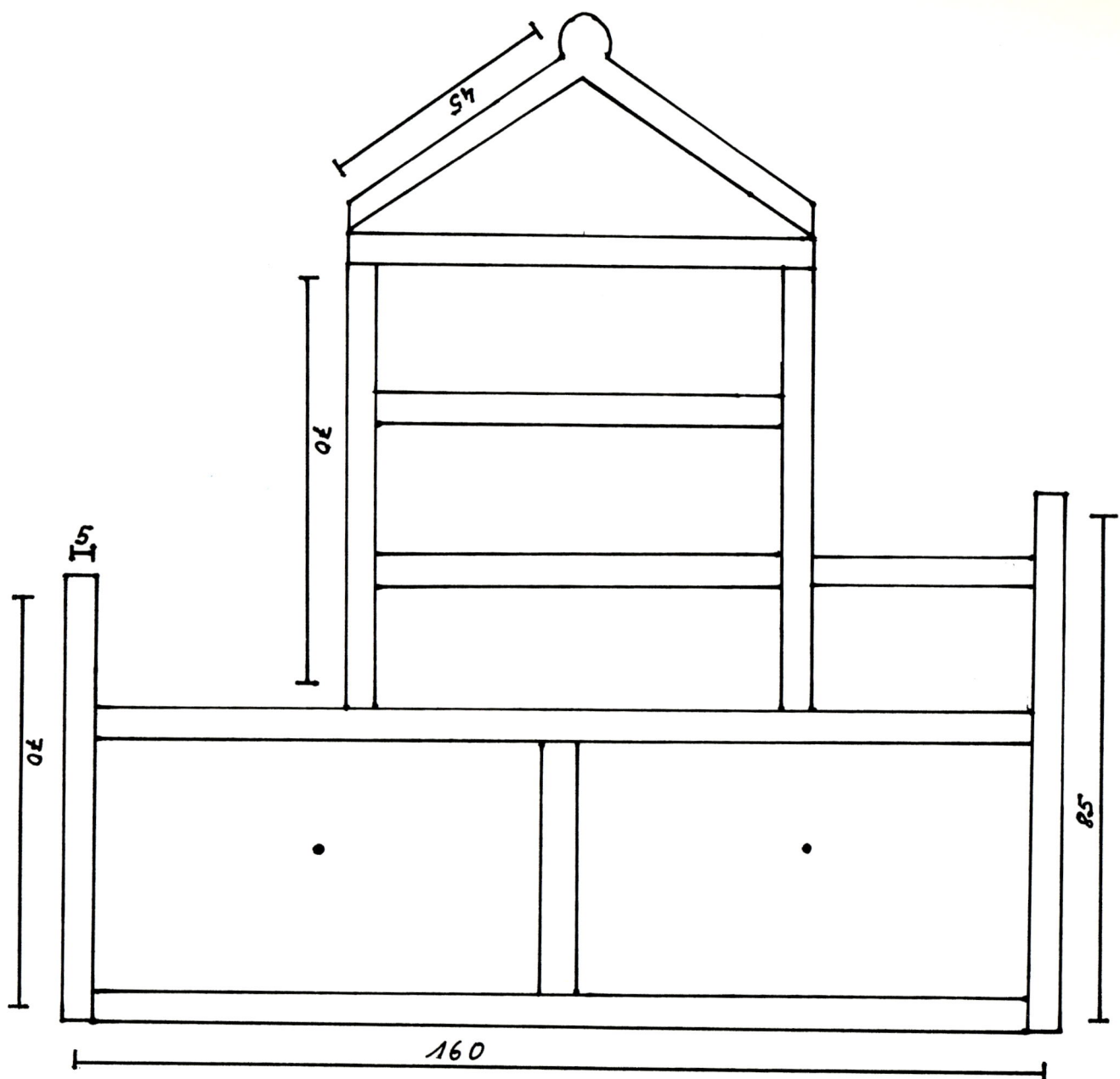

Vorlage Wohnzimmer-
schrank, Maßstab 1:1

Arbeitsanleitung

Übertragen Sie alle auszusägenden Teile mit einem weichen Bleistift und einem Lineal sehr sorgfältig auf das Holz. Mit der Laubsäge und Sägeblatt Nr. 1 sägen Sie die Teile genau aus. Dann werden sie mit feinkörnigem Sandpapier glattgeschliffen. Nun können Sie den Schrank zusammenbauen. Beginnen Sie mit den beiden Seitenteilen, der Bodenplatte und der unteren Rückwand. Wenn Sie diese Teile zusammengeleimt haben, bestreichen Sie die obere Platte mit Weißleim, pressen Sie die Teile zusammen, und lassen Sie sie trocknen. Das obere Regal arbeiten Sie genauso: zuerst beide Seitenteile, Oberteil, Rückwand und zuletzt die beiden Regalbretter einziehen. Unter- und Oberschrank können jetzt zusammengesetzt werden. Vergessen Sie nicht, das kleine rechte Regalbrettchen mit einzukleben.

Am Oberschrank bringen Sie nun die beiden schrägen Brettchen und das Rundholz an. Bevor Sie diese ankleben, schleifen Sie die Kanten oben und unten etwas schräg an. Dadurch erhöht sich die Festigkeit des Klebers.
Nun arbeiten Sie die beiden Schubladen. An den beiden Vorderteilen wird jeweils eine Holzkugel befestigt.
Kleben Sie in die Öffnung der farbigen Kugel ein Streichholz. Schneiden Sie das Streichholz bei einer Länge von 5 mm ab, und lassen Sie es ein kleines Stück herausragen. Markieren Sie die Mitte der Schublade, bohren Sie mit einem kleinen Holzbohrer ein Loch, und kleben Sie die Holzkugel fest.
Dann befestigen Sie Boden, Seitenteile und Rückwand der Schublade. Nach einer Trockenzeit können die beiden Schubladen in den Schrank eingesetzt werden. Zum Schluß können Sie den Schrank mit Klarlack einsprühen.

Eßzimmer

Dieses wohnliche Eßzimmer ist im bäuerlich-rustikalen Stil eingerichtet. Die beiden Sitzbänke sind liebevoll weich gepolstert. Diese Einrichtung lädt zum gemütlichen Essen ein. Ich habe für diese Puppenmöbel Kiefernsperrholz in den Stärken 3 mm und 5 mm ausgewählt.

Bänke

Beginnen wollen wir im Eßzimmer mit der Erstellung der beiden Sitzbänke. Ich habe dabei zwei verschiedene Holzstärken verwendet. Die Erarbeitung und der Zusammenbau sind auch hier einfach gehalten.

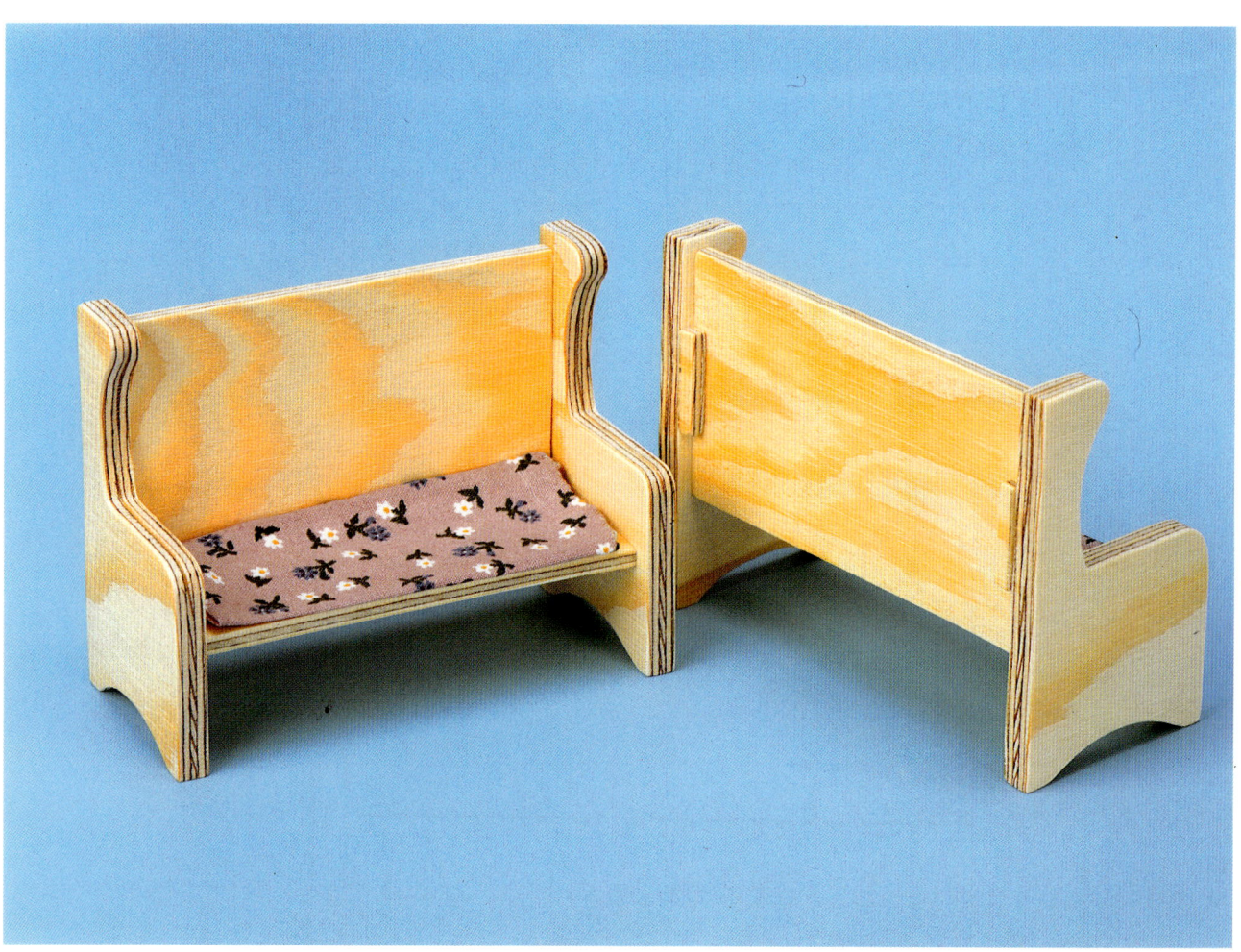

Material

2 x 3 mm Kiefernsperrholz, 9 x 5 cm (Rückenlehnen)
2 x 3 mm Kiefernsperrholz, 9 x 3,5 cm (Sitzflächen)
4 x 5 mm Kiefernsperrholz, 7,5 x 4,5 cm (Seitenteile, siehe Schablone)
8 x 5 mm Vierkantleiste, 3 cm lang
Sandpapier der Körnung 180-200
Weißleim
Stoffreste
dünner Schaumstoff

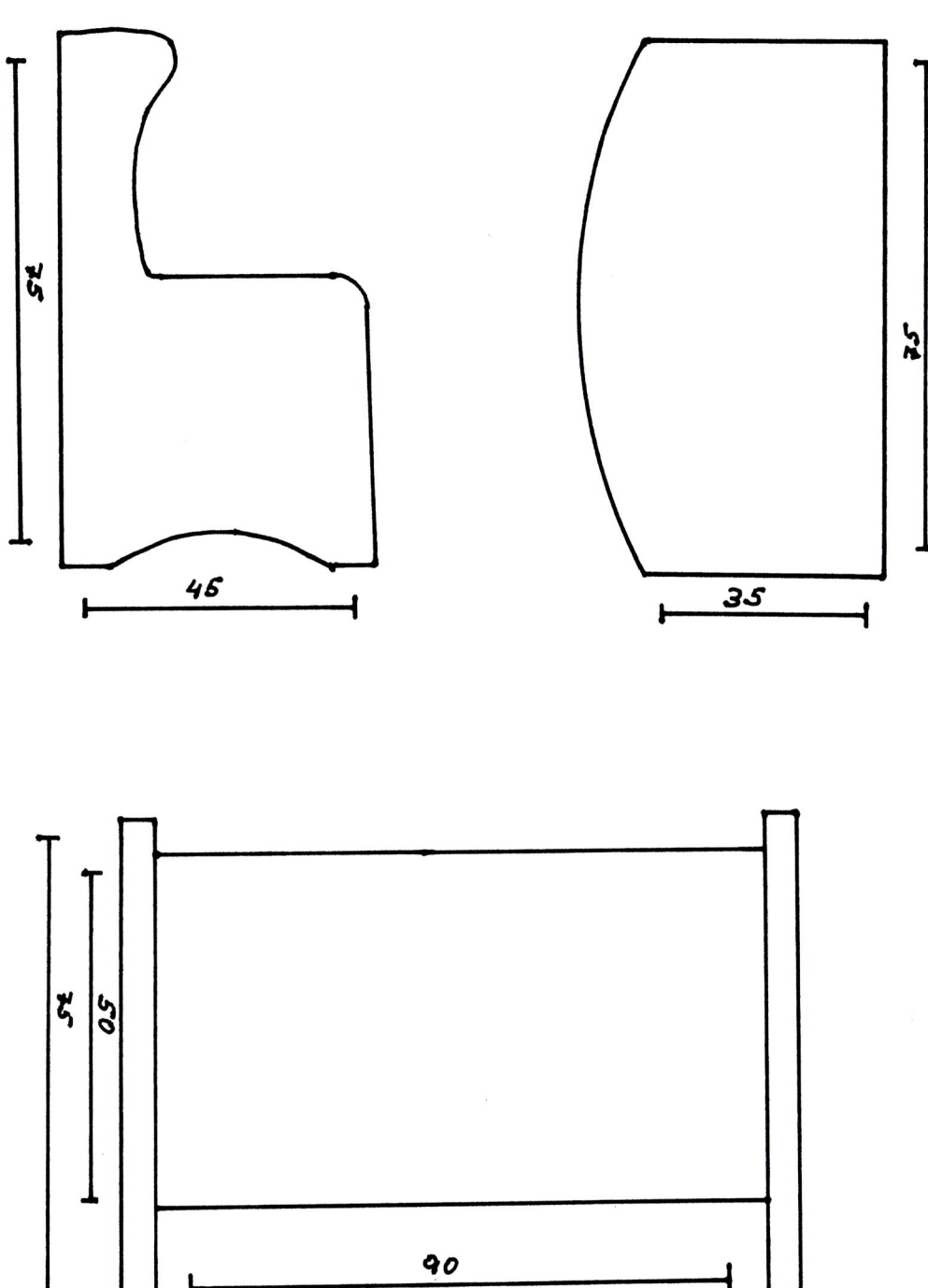

46

35

75

05

90

6

Vorlage Eßzimmer (Bank und Abschlußplatte vom Schrank), Maßstab 1:1

Arbeitsanleitung

Die Seitenteile werden mit Hilfe einer Schablone vom Original auf das Holz übertragen. Damit Sie eine gerade Linie erhalten, zeichnen Sie die Sitz- und Rückenflächen mit Lineal und Bleistift vor. Sägen Sie alle Teile mit dem Laubsägebogen aus, und schleifen Sie sie glatt.

Nun beginnen Sie mit dem Zusammenbau. Kleben Sie die kleinen Stücke der

Vierkantleiste an den Außenseiten hinten an der Sitzfläche und an der Rückwand fest. Nach kurzer Trockenzeit bestreichen Sie die restlichen Teile mit Klebstoff und fügen alles gut zusammen. Die nochmalige Trockenzeit sollte jetzt mehrere Stunden dauern.

Nun können Sie mit dem Zuschneiden der Sitzkissen beginnen. Sie werden mit dünnem Schaumstoff oder Vlies gefüllt und zugenäht. Fertig ist der erste Teil des rustikalen Eßzimmers.

Eßtisch

Der bäuerlich gehaltene Tisch paßt gut zur übrigen Zimmereinrichtung. Das eingebaute Rundholz soll dem Möbelstück mehr Stabilität verleihen; der Zusammenbau ist leicht.

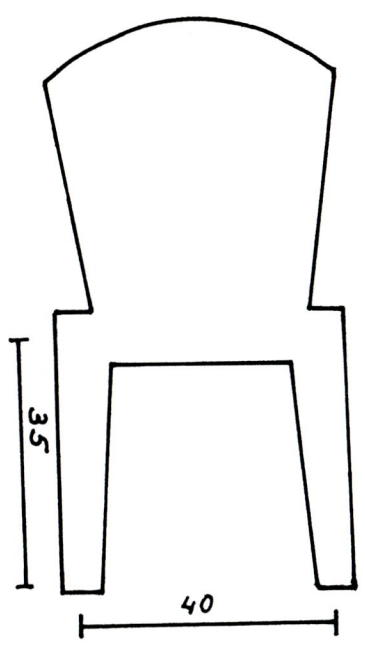

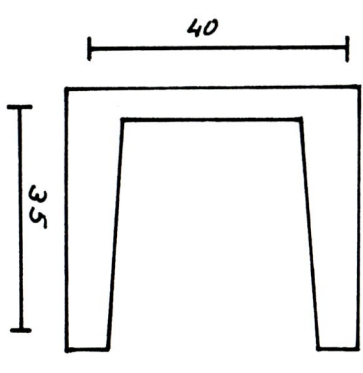

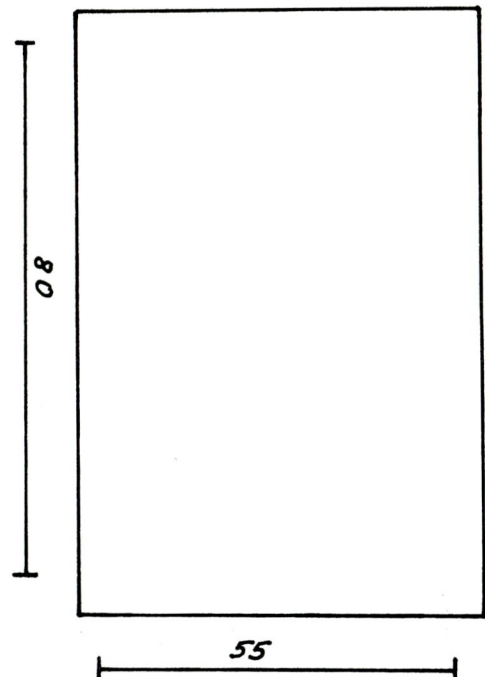

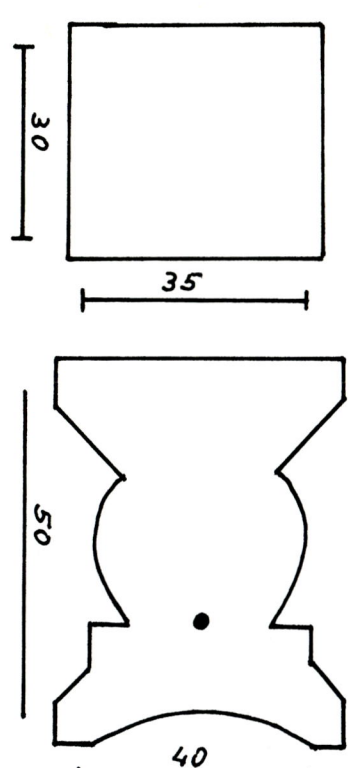

Material

Vorlage Eßzimmer (Tisch
und Stuhl), Maßstab 1:1

1 x 3 mm Kiefernsperrholz, 8 x 5,5 cm (Tischplatte)
2 x 5 mm Kiefernsperrholz, 4 x 5 cm (Seitenteil, siehe Schablone)
1 x 4 mm Rundholz, 8 cm lang

2 x 5 mm Vierkantleiste, 2 cm lang
Sandpapier der Körnung 180-200
Weißleim

Arbeitsanleitung

Zeichnen Sie die Tischplatte mit Bleistift und Lineal auf dünnes Sperrholz auf. Für die beiden Seitenteile fertigen Sie eine Schablone und übertragen diese auf dickes Holz. Achten Sie beim Aussägen darauf, daß die Seitenteile genau gleich groß sind.
Mit feinem Sandpapier der Körnung 180-200 schleifen Sie nun alle Teile glatt.
Mit der Bohrmaschine und einem 4-mm-Holzbohrer bohren Sie vorsichtig in die beiden Seitenteile ein Loch. Später wird in diese Bohrstellen das Rundholz eingeklebt.
Das Vierkantholz wird ganz oben an den Innenseiten der Seitenteile befestigt. Nach kurzer Trockenzeit setzen Sie die Tischplatte auf und kleben das Rundholz ein. Lassen Sie den Tisch gut trocknen.

Stuhl

Dieser Stuhl ist aus 5-mm-Kiefernsperrholz gearbeitet. Natürlich können Sie die Grundform verändern, indem Sie andere Beine arbeiten oder aus der Rückenlehne ein kleines Herz aussägen. Sie können auch mehrere Stühle für das Eßzimmer bauen.

Material

1 x 3 mm Kiefernsperrholz, 3 x 3,5 cm (Sitzfläche)
1 x 5 mm Kiefernsperrholz, 4 x 8 cm (siehe Schablone)
1 x 5 mm Kiefernsperrholz, 4 x 3,5 cm (Beine vorne, siehe Schablone)
1 x 5 mm Vierkantleiste, 3 cm lang
Sandpapier der Körnung 180-200
Weißleim

Arbeitsanleitung

Dieser Stuhl besteht aus drei Teilen. Zeichnen Sie die Schablonen mit Bleistift auf das Holz. Sägen Sie die Werkstücke sauber und exakt aus. Dann schleifen Sie alle Teile mit Sandpapier glatt. Nun kleben Sie die vorderen Stuhlbeine an die Sitzfläche. Das Vierkantholz befestigen Sie an der hinteren unteren Seite der Sitzfläche. Nach kurzer Ruhezeit kleben Sie das Rückenteil fest.

Schrank

Dieser schöne Schrank vervollständigt Ihre Eßzimmereinrichtung. Hinter den Türen oder im Regal kann das Puppengeschirr gut untergebracht werden.

Material

1 x 5 mm Kiefernsperrholz, 9 x 4,5 cm (Bodenteil)
2 x 5 mm Kiefernsperrholz, 4,5 x 5 cm (Seitenteile)
1 x 5 mm Kiefernsperrholz, 11 x 5 cm (Schrankplatte)
2 x 5 mm Kiefernsperrholz, 4 x 4 cm (Türen)
1 x 2 mm Modellbauholz, 10 x 5,5 cm (untere Rückenwand)
2 x 5 mm Kiefernsperrholz, 8,5 x 3,5 cm (seitliche Regalteile)
2 x 5 mm Kiefernsperrholz, 5 x 2 cm (Regaleinsatz)
1 x 2 mm Modellbauholz, 9 x 6 cm (Rückenwand für Regal)
1 x 3 mm Kiefernsperrholz, 7,5 x 3,5 cm (Abschlußplatte, s. Schablone S. 27)
2 x 2 cm Holzkugeln
2 Streichhölzer
3 mm Rundholz
Weißleim
Glanzlack
Sandpapier Körnung 180-200

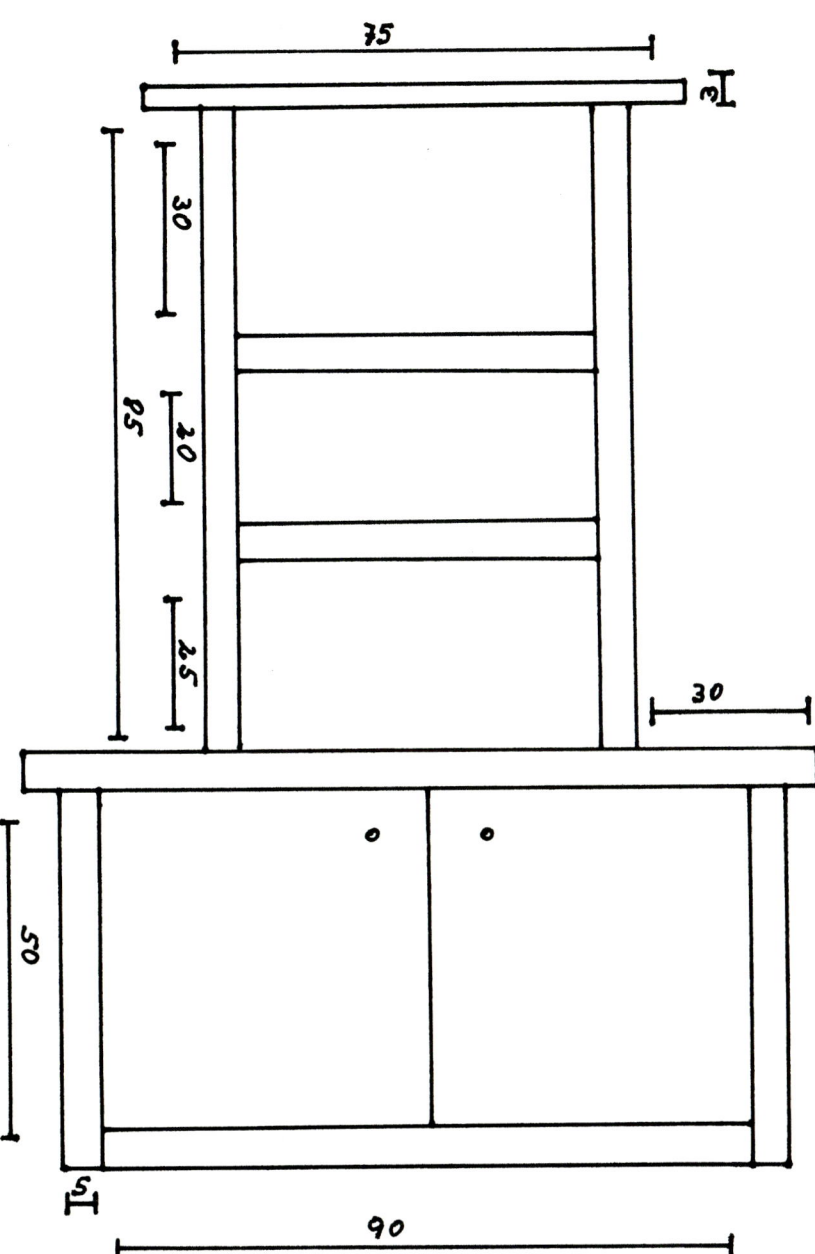

Arbeitsanleitung

Der Schrank für das Eßzimmer wird genauso gebaut wie der für das Wohn-zimmer.

Sie beginnen mit dem Unterschrank. Bodenplatte, beide Seitenteile und Rückenwand bestreichen Sie mit Weißleim und kleben sie gut zusammen. Wenn der Leim getrocknet ist, werden die beiden Türen eingesetzt, bevor die Platte daraufgeklebt wird.

Mit einem 3-mm-Holzbohrer bohren Sie an den Türen oben und unten an der Außenseite ein Loch, und befestigen Sie das Rundholz. Lassen Sie es ca. 5-6 mm überstehen.

An der Bodenplatte und der Oberplatte markieren und bohren Sie Löcher zum Einhängen der Türen. Dann können Sie die Türen einsetzen, aber nicht festkleben, sonst können sie nach dem Zusammenbau nicht wieder geöffnet werden. Nun befestigen Sie die obere Platte. Danach werden Seitenteile, Rückwand, Regalböden und das halbrunde Abschlußteil zusammengeklebt.

Nach mehrstündiger Trockenzeit fügen Sie das Regal und den Unterschrank mit den beweglichen Türen zusammen. Die beiden bunten Holzkugeln befestigen Sie wie beim Wohnzimmerschrank. Zuletzt kleben Sie in dem Unterschrank eine 5-mm-Vierkantleiste ca. 1,5 cm lang an der Innenseite der Oberplatte fest, damit die Türen nicht in den Innenraum des Schrankes kippen.

Natürlich können Sie den Schrank nach Ihren eigenen Vorstellungen verändern. Beachten Sie aber, daß mit den Puppenmöbeln noch gespielt werden kann.

Kinderzimmer

Ich habe versucht, dieses Puppen-Kinderzimmer mit viel Liebe zu gestalten. Viele gute Anregungen erhielt ich von meinem Sohn Stephan. Bei dieser Einrichtung finden Sie alles wieder, was sich Kinder für ihr Zimmer wünschen.

Bank und Tisch

Die Kinder der Puppenfamilie werden begeistert sein, wenn sie diese Spielecke vorfinden.

Material

2 x 5 mm Pappelholz, 5,5 x 4 cm (Seitenteile, s. Schablone)
1 x 5 mm Pappelholz, 10 x 5 cm (Rückseite der Bank)
1 x 5 mm Pappelholz, 10 x 3 cm (Sitzfläche der Bank)
1 x 5 mm Pappelholz, 10 x 1,5 cm (Kopfseite der Bank unten)
1 x 5 mm Pappelholz, 8,5 x 4 cm (Tischplatte, s. Schablone)

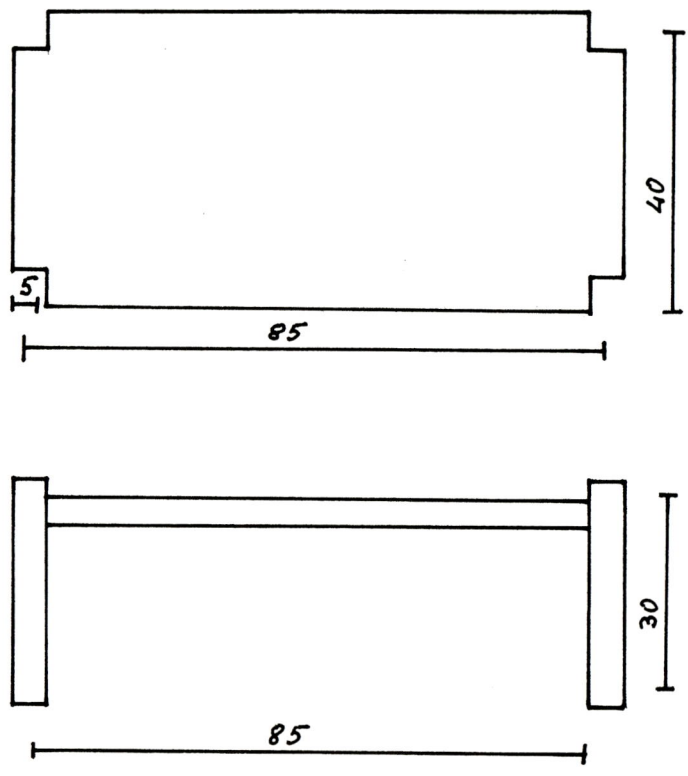

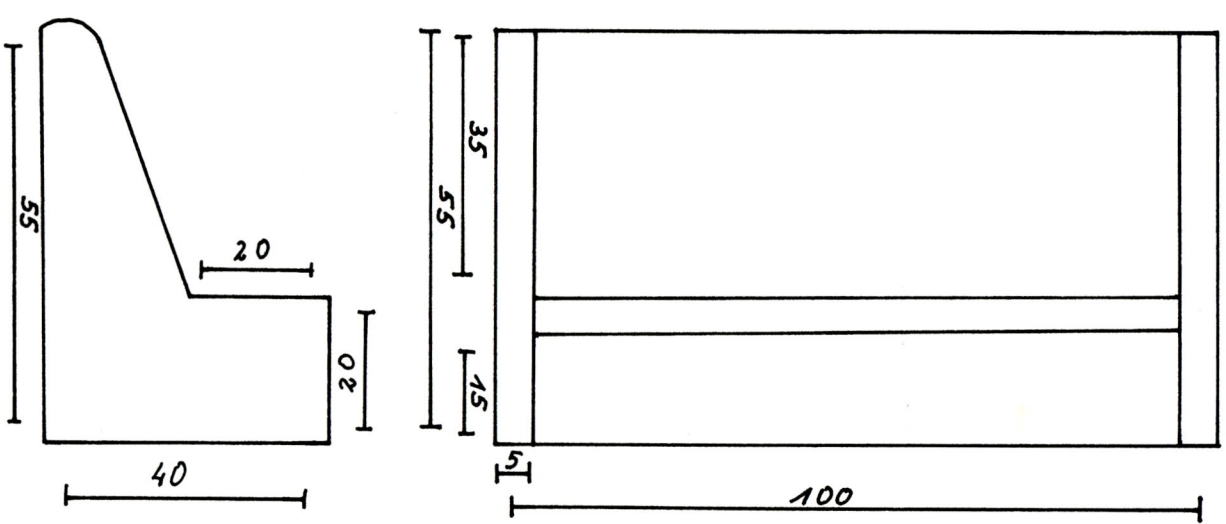

Vorlage Kinderzimmer
(Bank und Tisch),
Maßstab 1:1

4 x 5 mm Vierkantleiste, 3 cm lang (Tischbeine)
Weißleim
Sandpapier der Körnung 180-200

Arbeitsanleitung

Alle Teile der Sitzbank und des Spieltisches werden sorgfältig entweder von der Schablone oder mit Lineal und Bleistift auf das Holz aufgezeichnet. Zum Aussägen wird eine Laubsäge und Sägeblatt Nr. 1 verwendet.

An der Tischplatte müssen Sie die vier Vertiefungen zum späteren Einsetzen der Tischbeine exakt im rechten Winkel aussägen.

Mit einem feinen Schleifpapier der Körnung 180-200 schleifen Sie alle Kanten gut ab.

Der Zusammenbau des Tisches ist sehr einfach: Sie brauchen nur die vier Beine im rechten Winkel gerade in die Vertiefung einzukleben. Danach lassen Sie den Tisch mehrere Stunden trocknen.

Für die Sitzbank bestreichen Sie alle Werkstücke mit Weißleim und fügen diese exakt zusammen. An der Unterseite der Sitz- und Stirnseite können kleine Vierkantleisten eingebaut werden. Sie erhöhen die Stabilität beim Spielen. Vergessen Sie die mehrstündige Trockenzeit nicht.

Kinderbett

Dieses moderne Kinderbett wird sicherlich in ähnlicher Form in vielen Kinderzimmern stehen.

Kuschelige Bettwäsche sowie eine Schublade zum Verstauen von Spielzeug laden zum Schlafen und Spielen ein.

Der Zusammenbau des Bettes ist mit Hilfe dieser Anleitung ganz einfach.

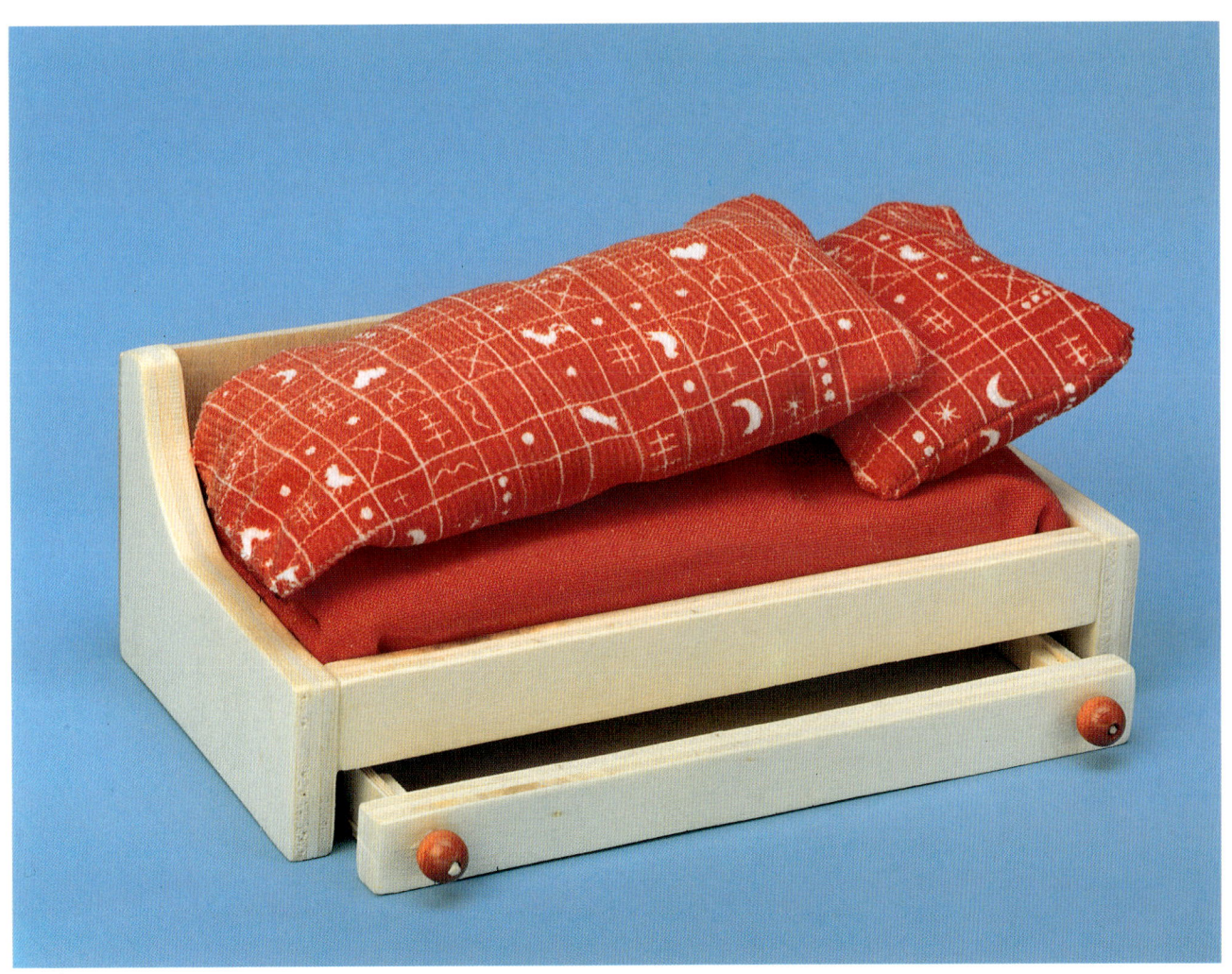

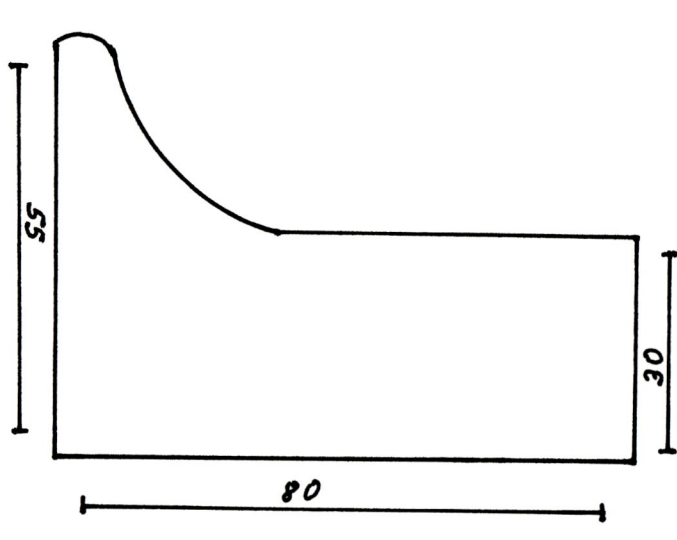

Vorlage Kinderzimmer
(Bett), Maßstab 1:1

Material

2 x 5 mm Pappelholz, 8 x 5,5 cm (Seitenteile, s. Schablone)
1 x 5 mm Pappelholz, 14 x 1,5 cm (Vorderteil)
1 x 2 mm Modellbauholz, 15,0 x 5,5 cm (Rückenwand)
1 x 2 mm Modellbauholz, 13,8 x 7 cm (Zwischenboden)
1 x 5 mm Pappelholz, 13,8 x 1,2 cm (Vorderteil der Schublade)
1 x 2 mm Modellbauholz, 13 x 7 cm (Boden der Schublade)
1 x 2 mm Modellbauholz, 12,5 x 1 cm (hinteres Teil der Schublade)
2 x 2 mm Modellbauholz, 7 x 1 cm (Seitenteile der Schublade)
2 x 1 cm Holzkugel
Streichholz
Sandpapier der Körnung 180-200
Weißleim
Stoffreste
Füllwatte
Schaumstoff 3 cm

Arbeitsanleitung

Fertigen Sie Schablonen an, und übertragen Sie diese auf das Holz.
Schleifen Sie alle Werkstücke mit Sandpapier, und runden Sie an den beiden Außenseiten die Kanten ab. Bauen Sie zuerst das Bett zusammen, danach folgt die Schublade.
Außenteile, Vorderteil, Rückenwand und Zwischenboden sollten in einem Arbeitsgang verleimt werden.
Achten Sie darauf, daß der Zwischenboden an der unteren Innenkante des Bettvorderteils eingeleimt wird. Der obere Platz wird danach für die Matratze benötigt. Mehrstündige Trockenphasen sind hier angebracht.
Inzwischen kann die Schublade angefertigt werden. Am Vorderteil befestigen Sie ebenso wie beim Wohn- oder Eßzimmerschrank die farbigen Holzkugeln. Dann werden der Boden und die drei Seitenteile mit Holzleim verklebt.
Für die Matratze des Kinderbettes verwenden Sie etwa 1,5 cm dicken Schaumstoff, den Sie nach den Innenmaßen des Bettes zuschneiden.
Auch sollten Sie den Stoff für Matratzenüberzug und Bettzeug genau nach den Maßen des Bettes zuschneiden.
Nähen Sie die einzelnen Teile an drei Seiten zu, füllen Sie durch die Öffnung Schaumstoff oder Watte hinein, und schließen Sie auch die letzte Seite.

Tischchen

Auf dieses Tischchen kann eine Lampe gestellt werden. Die Puppenkinder können auch daran ihre Hausaufgaben machen. Sicherlich fallen Ihnen noch viele weitere Verwendungsmöglichkeiten ein.

*Vorlage Kinderzimmer
(Tischchen, Schaukelpferd
und Lok), Maßstab 1:1*

Material

1 x 5 mm Pappelholz, 4 x 3,5 cm (Seitenteile)
2 x 5 mm Pappelholz, 3,5 x 3 cm (Tischplatte)
Sandpapier der Körnung 180-200
Weißleim

Arbeitsanleitung

Dieses Tischchen wird genauso wie der Beistelltisch aus dem Wohnzimmer
gearbeitet.

Spielzeug

Schaukelpferd und Lokomotive

Farbenfrohes Spielzeug sollte in keinem Puppen-Kinderzimmer fehlen. Von Schaukelpferd und Eisenbahn träumen noch heute viele Kinder und Erwachsene. Das schöne Schaukelpferd können Sie auch zu Weihnachten an den Tannenbaum hängen.

Material

Für das Schaukelpferd
1 x 1 cm Sperrholz, 6 x 6 cm (Körper vom Pferd, s. Schablone)
1 x 3 mm Sperrholz, 2,5 x 2 cm (Sattel für das Pferd)
2 x 2 mm Modellbauholz, 7 x 2 cm (Kufen)
Glanzlack (Rot)
Weißleim
Hanf für den Schwanz

Für die Lokomotive
1 x 8 mm Rundholz
1 x 2 mm Modellbauholz (Dach und Boden, s. Schablone)
1 x 1 cm Sperrholz (Führerhaus)
4 x 8 cm Rundholz (Räder)

1 x 1 mm Streichholz (Schornstein)
Glanzlack in Gelb, Rot, Blau, Schwarz
Weißleim

Arbeitsanleitung

Bei der Gestaltung des Schaukelpferdes ist es wichtig, daß die Werkstücke genau auf das Holz aufgezeichnet werden.

Die Teile werden ausgesägt und glattgeschliffen. Bevor der Körper des Schaukelpferdes bemalt wird, bohren Sie hinten für den Schwanz ein kleines Loch. Später wird hier ein Stück Hanf festgeklebt. Bei diesem Motiv habe ich Kufen ausgesägt, Sie können auch Räder anbringen. Zuletzt leimen Sie den Sattel des Pferdes fest.

Für die Lokomotive sägen Sie alle Werkstücke zurecht und bemalen sie mit der jeweiligen Farbe. Am besten sollten alle Teile eine Nacht durchtrocknen. Danach kleben Sie alle Teile mit Weißleim zusammen.

Kommode

Ob Handschuhe, Mütze oder Schal, in dieser Kommode mit Schubladen hat
alles Platz.

Material

2 x 3 mm Pappelholz, 9 x 4,5 cm (Grund- und Zwischenplatte)
2 x 5 mm Pappelholz, 4,5 x 4,5 cm (Seitenteile)
1 x 5 mm Pappelholz, 10 x 5 cm (Oberplatte)
1 x 2 mm Modellbauholz, 10 x 6 cm (Rückwand, s. Schablone)
2 x 5 mm Pappelholz, 8,8 x 1,5 cm (Vorderteile der Schubladen)
2 x 2 mm Modellbauholz, 8 x 3,8 cm (Schubladenböden)
4 x 2 mm Modellbauholz, 3,8 x 1 cm (Seitenteile der Schubladen)
2 x 2 mm Modellbauholz, 8 x 1 cm (Hinterteile der Schubladen)
4 x 5 mm farbige Holzkugeln
Streichholz
Weißleim, Schleifpapier der Körnung 180-200

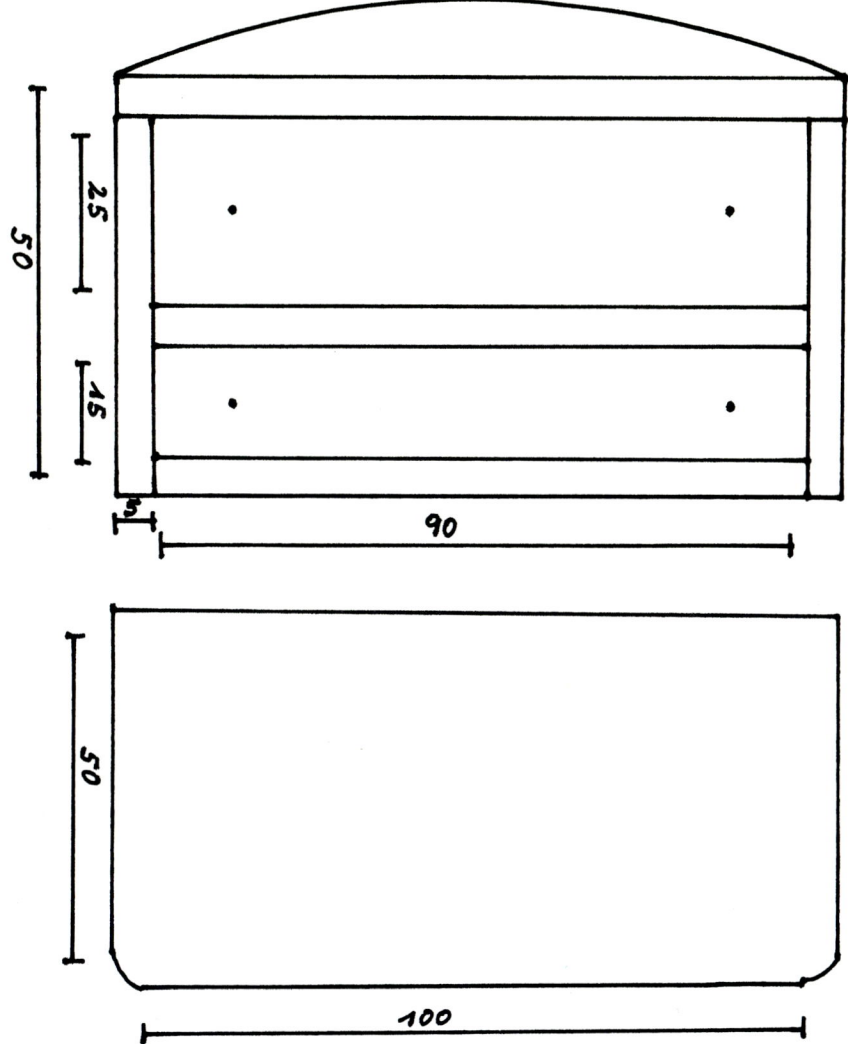

*Vorlage Kinderzimmer
(Kommode), Maßstab 1:1*

Arbeitsanleitung

Übertragen Sie die Schablonen auf das Holz. Sägen Sie dann alle Teile sauber aus, und schleifen Sie mit Sandpapier die Kanten ab. Sollte einmal ein Holzstück dabei sein, das nicht ganz exakt und gerade ausgesägt wurde, können Sie auf der Arbeitsfläche das Werkstück wieder in seine Form bringen, indem Sie das jeweilige Teil so lange gleichmäßig auf Sandpapier hin und her ziehen, bis alle Unebenheiten ausgeschliffen sind.

Die Kommode wird nach dem gleichen Grundprinzip wie alle anderen Teile zusammengebaut. Beginnen Sie mit Grund-, Seiten- und Oberteil. Verleimen Sie alles gut. Kleben Sie die Rückenwand und die Zwischenböden ein. Lassen Sie die Kommode eine Nacht lang trocknen. Die Schubladen arbeiten Sie ebenso wie die Schubladen an Wohnzimmerschrank und Kinderbett: Zuerst werden die farbigen Holzkugeln befestigt, dann wird die Lade zusammengeleimt. Wenn Sie möchten, können Sie Ihre Kommode entweder bemalen oder beizen.

Schrank

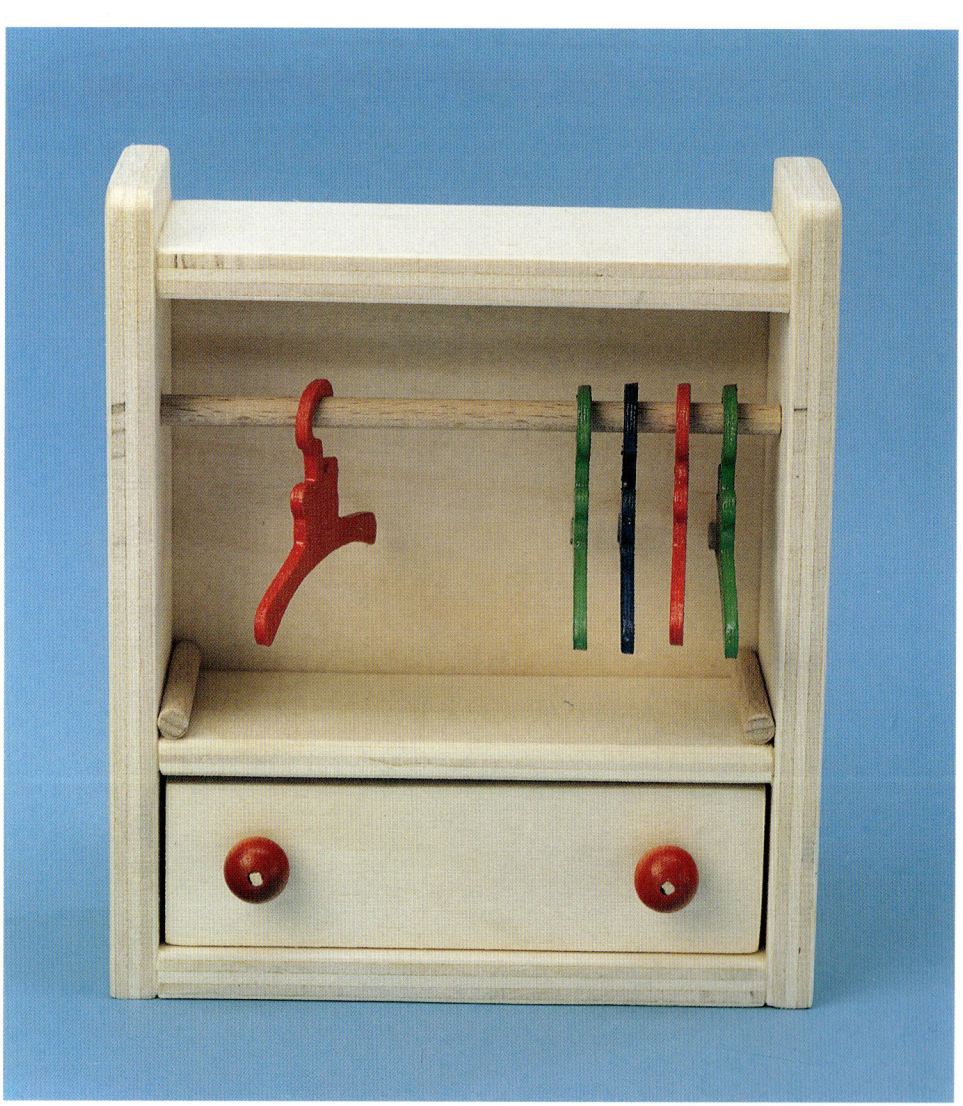

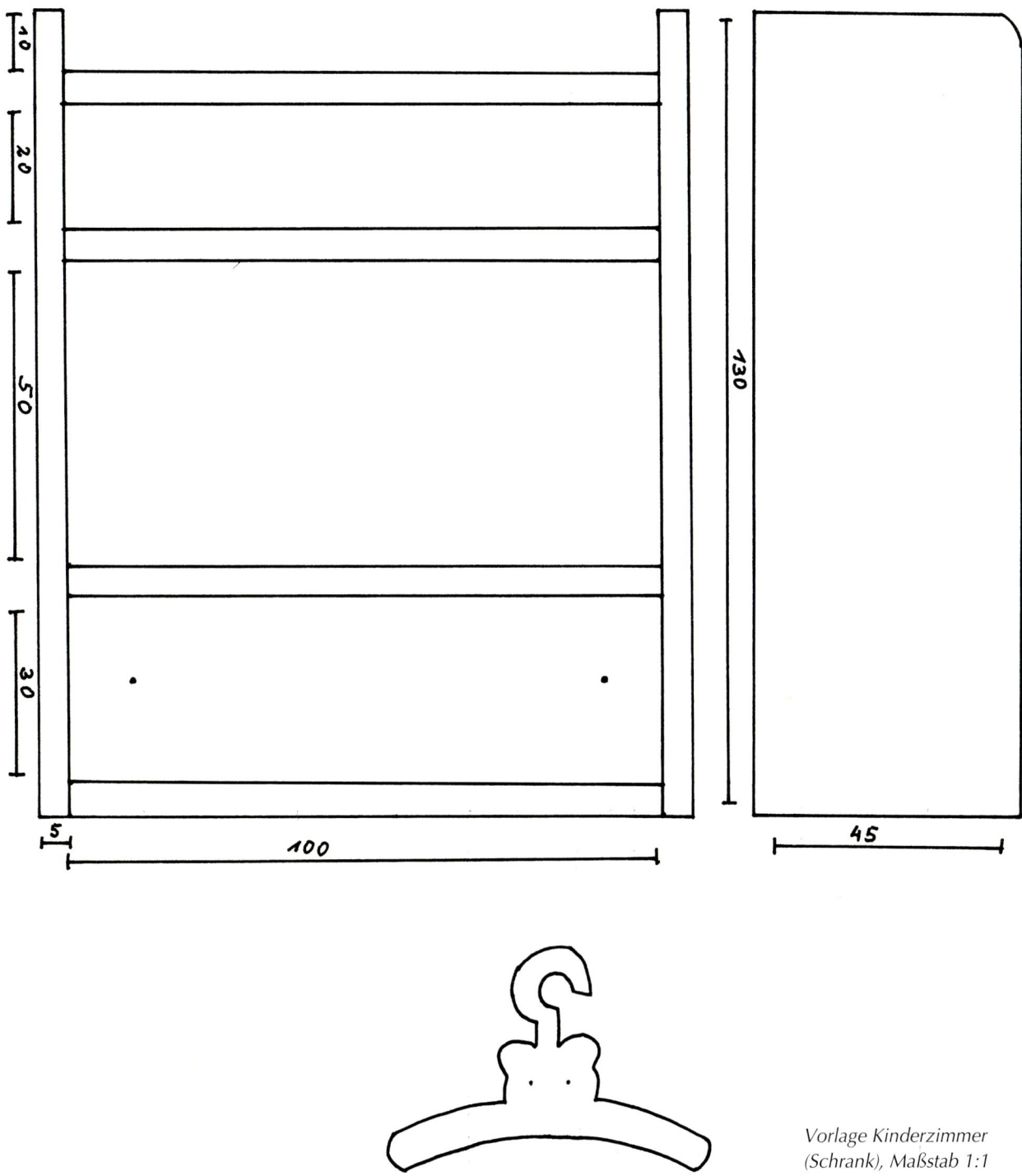

*Vorlage Kinderzimmer
(Schrank), Maßstab 1:1*

Mit der Fertigstellung des Kleiderschrankes wird das Kinderzimmer erst perfekt. Die „Bären-Kleiderbügel" sehen sehr lustig aus. Da werden die Kleider gerne aufgehängt.

Material

2 x 5 mm Pappelholz, 13 x 4,5 cm (Seitenteile)
3 x 5 mm Pappelholz, 10 x 4,5 cm (Grund-, Zwischen- und Oberplatte)

1 x 2 mm Modellbauholz, 12 x 11,5 cm (Rückwand)
1 x 5 mm Rundholz, 10 cm (für Querstange)
2 x 5 mm Rundholz, 4 cm lang
1 x 5 mm Pappelholz, 9,7 x 2,7 cm (Außenteil Schublade)
1 x 2 mm Modellbauholz, 9 x 3 cm (Bodenteil Schublade)
2 x 2 mm Modellbauholz, 2 x 3 cm (Seitenteile Schublade)
1 x 2 mm Modellbauholz, 9 x 2 cm (Rückenteil Schublade)
2 Holzkugeln
Streichholz
Sandpapier Körnung 180-200
Weißleim
Holzrest 2 mm Modellbauholz für Kleiderbügel

Arbeitsanleitung

Alle Teile werden nach der Vorlage aus dem entsprechenden Holz ausgesägt. Danach sollten Sie bei allen Werkstücken die Schnittflächen gründlich glattschleifen.

Der Zusammenbau erfolgt in drei Abschnitten: zuerst der Schrank, danach die Schublade und zuletzt die Kleiderbügel.

Beginnen Sie mit dem Schrank. Grundteil, beide Seitenteile, Zwischenteil und Oberplatte werden gut verleimt. Es folgen die Rückwand und die Kleiderbügelstange. Lassen Sie den Schrank einige Stunden trocknen. Die Schublade wird, wie schon mehrfach in diesem Buch beschrieben, zusammengesetzt (s. Wohnzimmerschrank, Kinderbett).

Der dritte Arbeitsgang umfaßt die Herstellung der „Bären-Kleiderbügel". Behandeln Sie die Werkstücke beim Aussägen und Schleifen vorsichtig, denn sie sind wegen ihres dünnen Holzes empfindlich. Wenn Sie möchten, können Sie die Bügel ganz bunt bemalen.

Nach nochmaliger Trockenzeit werden die Schubladen eingesetzt und die Kleiderbügel aufgehängt.

Schlafzimmer

Das elterliche Schlafzimmer sollte in keinem Puppenhaus fehlen.
Ich habe bei diesen Möbeln wieder Pappelholz zur Herstellung verwendet.
Dieses Holz läßt sich sehr gut verarbeiten und ist in seiner Beschaffenheit sehr
schön.

Bett

Dieses Bett ist im französischen Stil gehalten und zeichnet sich durch seine
runden und weichen Linien aus. Eine Matratze und die kuschelige Bettwäsche
sollten darin nicht fehlen.

Material

2 x 5 mm Pappelholz, 16,0 x 3 cm (Seitenteil)
2 x 5 mm Pappelholz, 13 x 6 cm (Kopf- und Fußteil, s. Schablone)
2 x 5 mm Vierkantleiste, 15 cm lang
1 x 3 mm Sperrholzrest, 15,8 x 11,5 cm (Boden)

Bett

Sandpapier der Körnung 180-200
Weißleim
Schaumstoffrest, ca. 15 x 11 cm
Stoffreste für Matratze und Bettzeug
Füllwatte

Arbeitsanleitung

Zunächst werden alle Holzteile hergestellt: Übertragen Sie die Schablonen auf das Holz, sägen Sie die Teile aus, und schleifen Sie sie glatt. Nun bauen Sie das Bett zusammen:
Beginnen Sie mit Kopf- und Fußteil sowie den beiden Seitenteilen. Bestreichen Sie alle Kanten gut mit Leim, und drücken Sie sie zusammen.
Lassen Sie den Rahmen gut durchtrocknen.
An der Bodenplatte leimen Sie zuerst an den äußeren Kanten die Vierkantleisten fest. Dadurch wird die Stabilität des Bettes nach dem Zusammenbau erhöht. Die Bodenplatte wird dann in den Bettrahmen eingefügt.
Eine ausreichende Trockenzeit ist auch hier von Wichtigkeit. Der Schaumstoff für die Matratze wird nach den Innenmaßen des fertigen Bettes zugeschnitten. Schneiden Sie den Stoffrest für die Matratze zu, und nähen Sie ihn um den Schaumstoff.
Kissen und Bettbezug schneiden Sie zu, nähen sie bis auf ein kleines Loch zusammen, füllen die Watte ein und schließen das Loch.

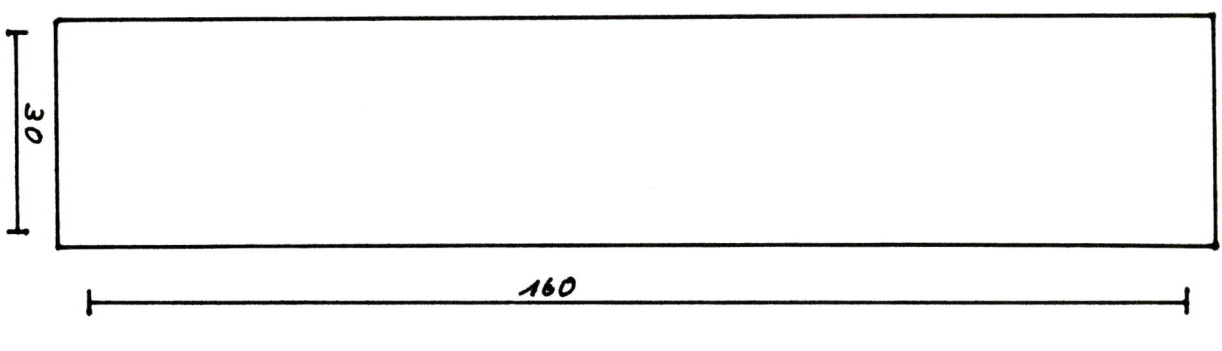

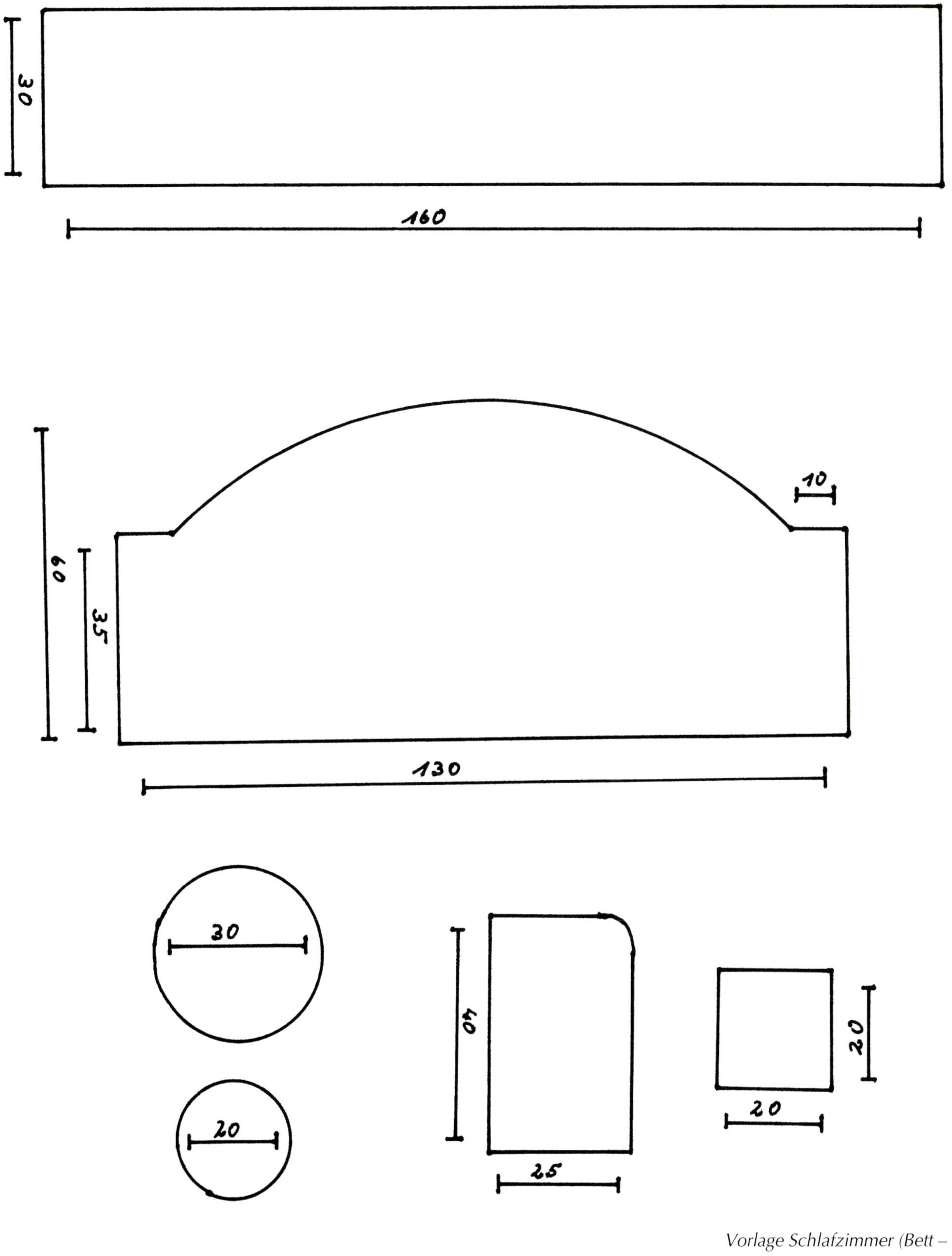

30

160

60

35

10

130

30

20

40

25

20

20

Vorlage Schlafzimmer (Bett – oben –, Nachttisch, Lampe, Kleiderständer), Maßstab 1:1

Nachttisch und Lampe

Diese Nachttische dürfen in keinem Schlafzimmer fehlen. Die beiden Lampen sehen dekorativ aus und passen sehr gut dazu.
Die Tischchen sind aus Pappelholz. Für die Lampen habe ich einige Fertigteile verwendet, die man in Bastelläden erwerben kann.

Material

4 x 5 mm Pappelholz, 4 x 2,5 cm (Seitenteil, s. Schablone)
4 x 3 mm Pappelholz, 2 x 2 cm (Platten)
2 Holzglocken (Lampenschirm)
3 mm Rundholz
2 rote Holzkugeln, 1,5 cm (Lampenfuß)
2 kleine Kreise Modellbauholzrest
Weißleim
Sandpapier der Körnung 180-200

Arbeitsanleitung

Zeichnen Sie alle Teile für die Nachtschränke auf das Holz auf, sägen Sie sie an den Sägelinien entlang aus, und schleifen Sie die Werkstücke glatt. Seitenteile und Platten werden in einem Arbeitsgang zusammengeklebt. Lassen Sie die Nachttische gut trocknen.

Für die Grundform der Lampe verwenden Sie ein Pfennigstück als Fuß. Diese Form zeichnen Sie auf Modellbauholz auf und sägen sie aus. In die Holzglocke und die rote Kugel wird das Rundholz eingesetzt. Nun leimen Sie an der Holzkugel die Grundfläche fest, damit die Lampe fest steht.

Kleiderständer

Dieses Möbelstück sollte in keinem Schlafzimmer fehlen. Es ist aber auch für die Garderobe gut geeignet.

Material

1 x 5 mm Pappelholzrest, Grundkreis ø 3 cm
1 x 8 mm Rundholz, 11 cm lang (Ständer)
2 x 3 mm Rundholz, 4 cm (Querstäbe)
Weißleim
Sandpapier der Körnung 180-200

Arbeitsanleitung

Der Grundkreis wird aus 5-mm-Pappelholz ausgesägt. Für die beiden querstehenden Rundhölzer bohren Sie mit einem Feinbohrer Löcher und kleben die Hölzer ein. In dem Grundkreis dübeln Sie nun das Rundholz fest, kleben es mit Weißleim ein und lassen den Kleiderständer gut trocknen.

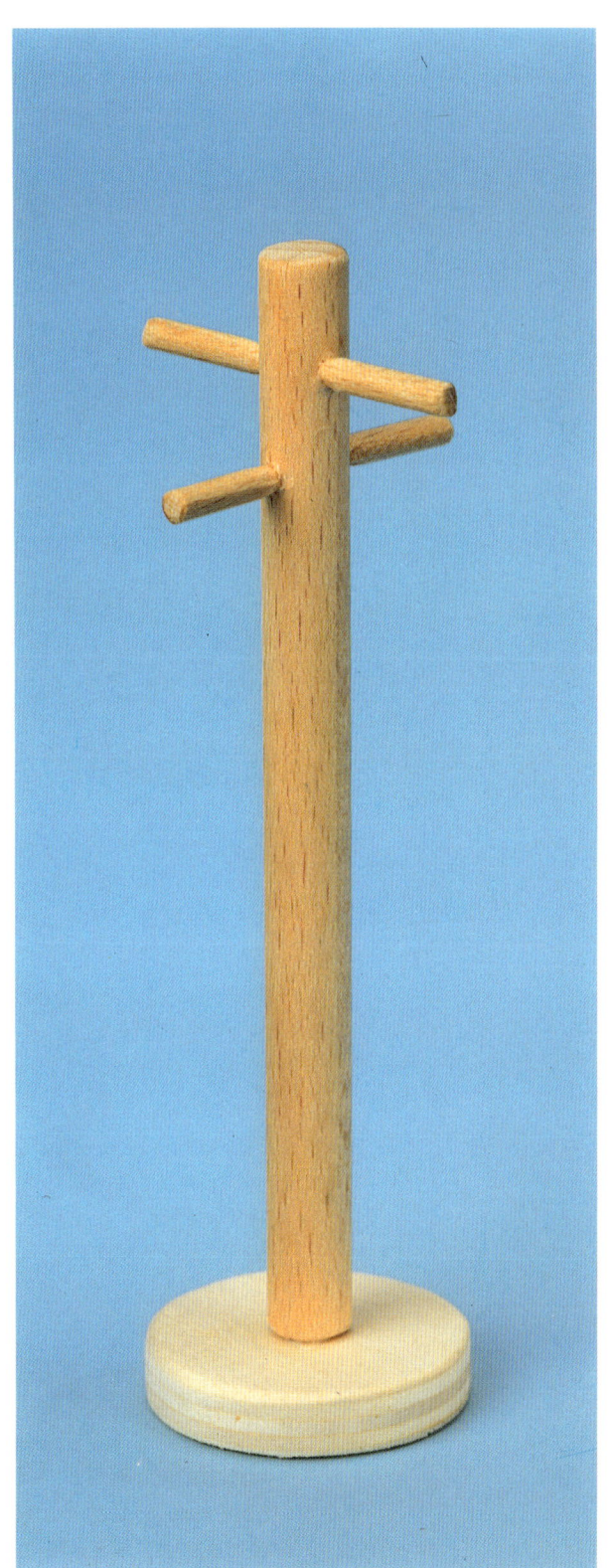

Kommode

In dieser Kommode ist Platz für alles, was man gerne ordentlich verstauen möchte. Durch die roten Holzkugeln, die als Griffe dienen, sieht die Kommode lustig aus.

Material

1 x 7 mm Pappelholz, 10 x 4,5 cm (Grundfläche)
2 x 7 mm Pappelholz, 6 x 4,5 cm (Seitenteile)
1 x 7 mm Pappelholz, 12 x 5 cm (obere Platte, s. Schablone)
2 x 5 mm Pappelholz, 10 x 4,5 cm (Zwischenböden)
1 x 2 mm Modellbauholz, 11,5 x 8 cm (Rückenwand, s. Schablone)
3 x 5 mm Pappelholz, 9,8 x 1,3 cm (Vorderseite Schubladen)
3 x 2 mm Modellbauholz, 9 x 3,5 cm (Boden für Schubladen)
6 x 2 mm Modellbauholz, 3,5 x 1 cm (Seitenteile Schubladen)
3 x 2 mm Modellbauholz, 8,8 x 1 cm (hintere Seite Schubladen)
6 x 7 mm farbige Holzkugeln (Griffe für Schubladen)
Weißleim
Streichholz
Sandpapier der Körnung 180-200

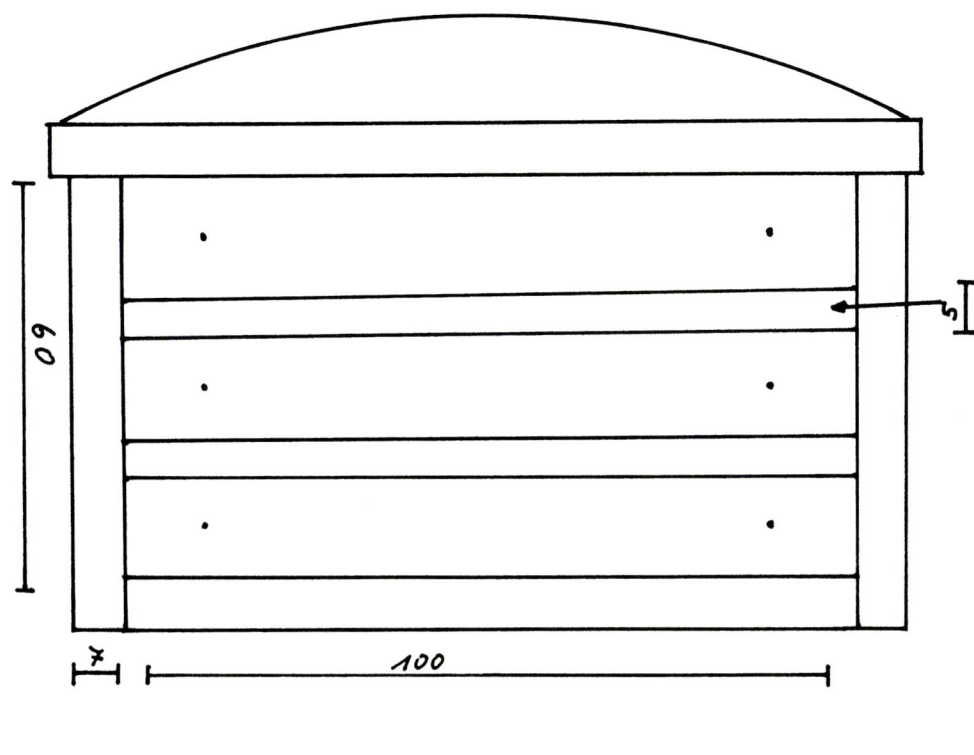

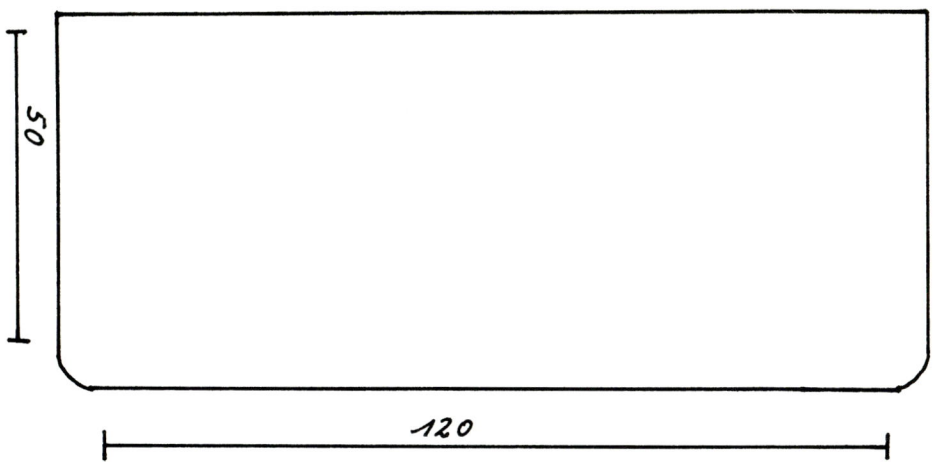

Vorlage Schlafzimmer (Kommode), Maßstab 1:1

Arbeitsanleitung

Diese Kommode wird genauso gearbeitet wie die aus dem Kinderzimmer. Da
sie drei Schubladen hat, muß allerdings ein Zwischenboden mehr eingebaut
werden. Schleifen Sie die ausgesägten Teile glatt, bestreichen Sie sie mit Leim,
pressen Sie sie fest zusammen, und lassen Sie sie über Nacht trocknen.

Kleiderschrank

Dieser Schrank wird der Puppenfamilie gut gefallen. Denn mit seinen beiden Türen zum Aufklappen eignet er sich hervorragend zur Unterbringung der Puppenkleidung. Die Außenteile bestehen aus 5 mm dickem Pappelholz.

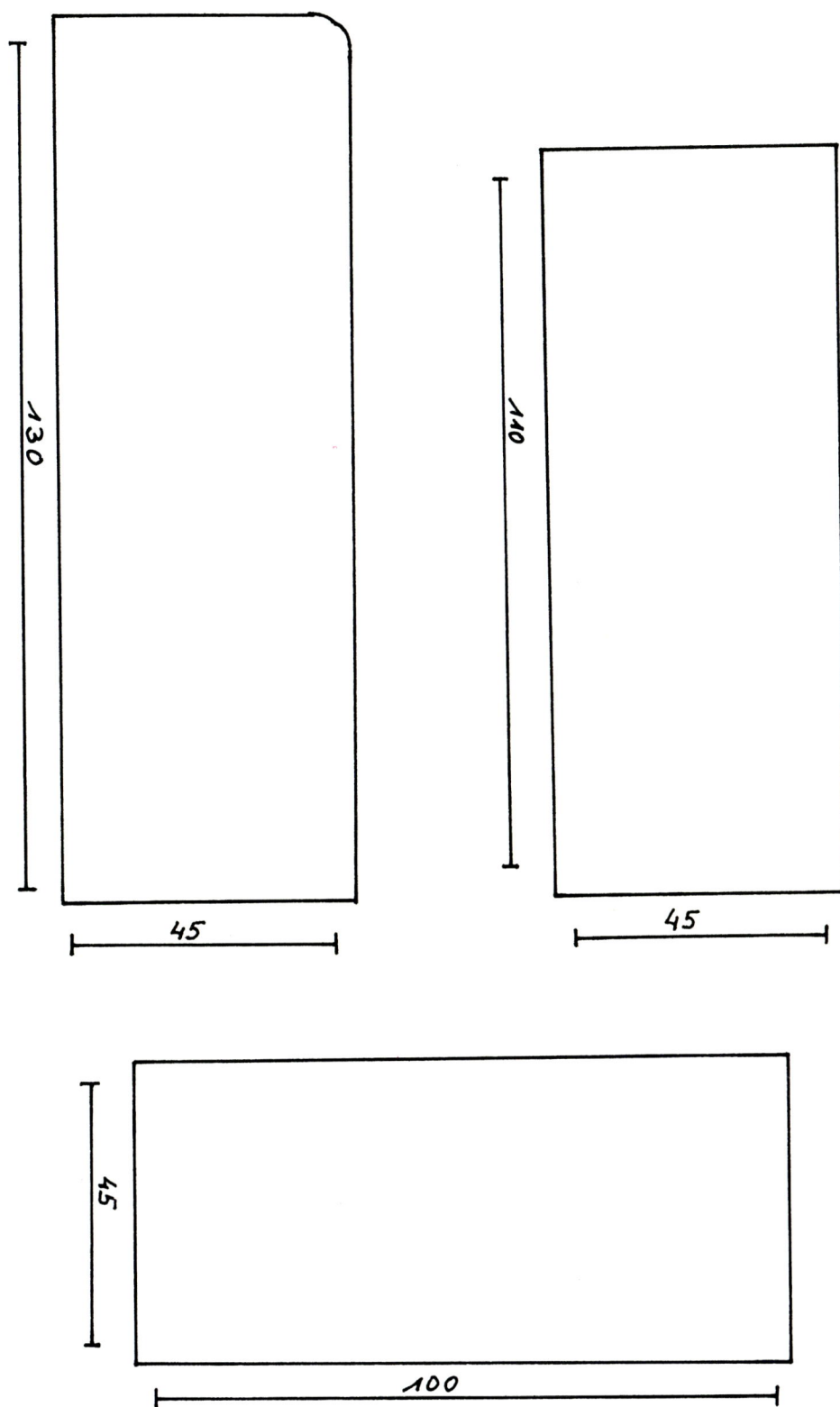

130

110

45

45

45

100

Vorlage Schlafzimmer (Kleiderschrank), Maßstab 1:1

Für die Türen habe ich 7 mm dickes Holz verwendet, weil oben und unten kleine Rundhölzer eingeklebt werden müssen, damit die Türen schwenkbar bleiben.

Material

2 x 5 mm Pappelholz, 10 x 4,5 cm (Ober- und Unterteil)
2 x 5 mm Pappelholz, 13 x 4,5 cm (beide Seitenteile)
1 x 3 mm Sperrholz, 11 x 10 cm (Rückwand)
2 x 7 mm Pappelholz, 11 x 4,5 cm (Türen)
1 x 5 mm Rundholz, 10 cm (Kleiderstange)
2 x 5 mm Vierkantleiste, 10 cm (Rückwand)
4 x 3 mm Rundholz, 2 cm (Türen)
2 x 1 cm bunte Holzkugeln
Weißleim
Sandpapier der Körnung 180-200

Arbeitsanleitung

Dieser Schrank ist recht einfach nachzuarbeiten.
Zeichnen Sie die Schrankteile auf das jeweilige Holz auf, und sägen Sie sie mit dem Laubsägebogen und Sägeblatt Nr. 1 aus. Dann werden die Einzelteile geschliffen.
Beginnen Sie mit dem Zusammenbau bei den Türen. Mit der Feinbohrmaschine bohren Sie jeweils am äußeren Rand ca. 1 mm oben und unten ein Loch. Danach kleben Sie die 3-mm-Rundhölzer fest. Lassen Sie 5-7 mm des Rundholzes herausragen, damit die Türen beweglich bleiben. Die roten Holzgriffe werden genauso befestigt wie bei der Kommode im Kinderzimmer. Grundplatte und Seitenteile werden nun zusammengeklebt.
Markieren Sie die Stellen, an denen die Rundhölzer der Türen versenkt werden sollen, und bohren Sie dort kleine Löcher. Jetzt sägen Sie die Vierkantleiste zu und leimen sie oben und unten an der Innenseite der Rückwand fest.
Leimen Sie nun die Rückwand an Seitenteile und Grundplatte an. Setzen Sie die Türen ein.
Zuletzt befestigen Sie die obere Platte. Wenn Sie richtig gearbeitet haben, sollten sich beide Türen öffnen und schließen lassen.
Die Kleiderstange wird in ca. 8 cm Höhe an der Innenseite der Seitenwände festgeklebt. An der Oberplatte innen wird auch eine 1-cm-Vierkantleiste festgeklebt, damit die beiden Türen nicht in den Schrank klappen können.

Küche

Herd

Der Ofen oder Herd ist ein wichtiger Bestandteil des Puppenhauses. In früheren Jahrhunderten wurden diese Öfen meistens aus Blech oder aus Grauguß gefertigt. In der heutigen Zeit ist man dazu übergegangen, diese Öfen aus Holz anzufertigen.

Ich habe für Sie einen Herd aus Pappelholz gebaut. Die Anfertigung ist einfach. Die Standbeine sind gebeizt, und die Ober- und Herdplatte ist mit Glanzlack bemalt. Die Türen lassen sich öffnen.

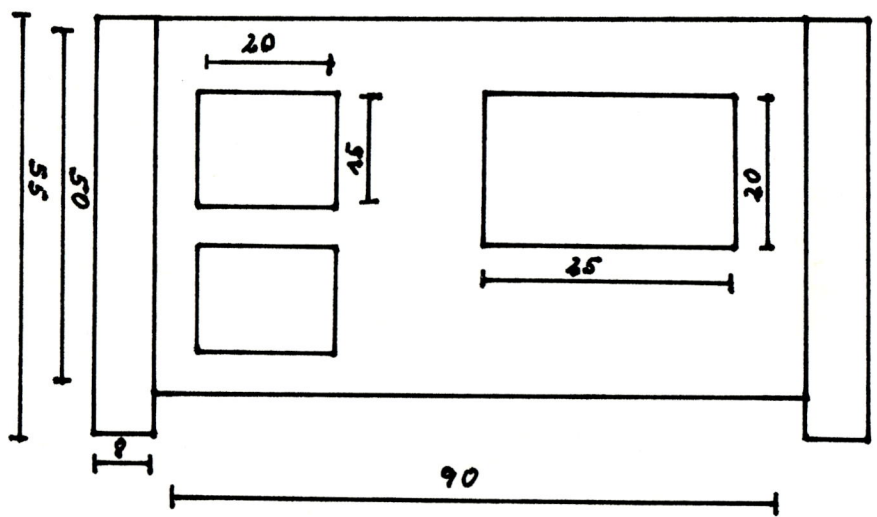

Vorlage Küche (Herd), Maßstab 1:1

Material

2 x 5 mm Pappelholz, 6 x 5 cm (Seitenteile)
2 x 5 mm Pappelholz, 9 x 5 cm (Vorder- und Rückteil)
1 x 2 mm Modellbauholz, 11,5 x 8,5 cm (Herdplatte)
1 x 5 mm Pappelholz, 2,5 x 2 cm (Ofentür)
2 x 3 mm Rundholz (Ofentür)
2 x 5 mm Pappelholz, 1,8 x 1,3 cm (Schubladen-Vorderteile)

6 x 2 mm Modellbauholz, 2,5 x 1 cm (Schubladen-Unter- und -Seitenteile)

2 x 2 mm Modellbauholz, 1,5 x 1,0 cm (Schublade-Rückteil)

2 x 1 mm Modellbauholz, 2,9 x 2,9 cm (Schubladeneinsatz, Boden)

1 x 1 mm Modellbauholz, 3,9 x 3,5 cm (Ofeneinsatz, Boden)

6 x 2 mm Modellbauholz, 2,6 x 2,6 cm (Ofeneinsatz, Seiten- und Rückenteile)

4 x 8 mm Vierkantleiste, 5,5 cm lang (Ofenbeine)

5 mm Vierkantleistenrest für Griffe und Bodenbefestigungen (Ofeneinsatz)

Weißleim

Sandpapier der Körnung 180-200

Glanzlack rot und schwarz

Beize braun

Bronzefolienpapier für Frontseite

Arbeitsanleitung

Die Teile werden genau auf das Holz aufgezeichnet und mit einer Laubsäge
und einem Sägeblatt Nr. 1 ausgesägt.

Die beiden Schubladen und die Backofentür sollten Sie exakt aussägen, damit sie später in die Öffnungen passen.

Mit Schleifpapier schleifen Sie alle Werkstücke glatt.

Dann werden die Teile bemalt.

Nun wird durch die Backofentür an der Längsseite mit einem Feinbohrer ein Loch durchgebohrt und das Rundholz hindurchgeschoben, damit die Tür später geöffnet werden kann. (Zum Zusammenbau und Einsetzen der Ofentür siehe auch Arbeitsanleitung für den Kleiderschrank im Schlafzimmer.)

Auf die Frontseite des Herdes kleben Sie Bronzefolienpapier, das Sie beispielsweise in fast jeder Negerkußpackung finden.

Kleben Sie nun die Schubladen, wie z.B. bei der Kommode für das Kinderzimmer beschrieben, zusammen. An den Frontseiten befestigen Sie die roten Griffe.

Kleben Sie dann die Einsätze für die Schubladen und den Backofen an der Hinterseite der Frontseite fest. Diese Einsätze verhindern, daß die Schubladen in den Herd hineinfallen. Auf den Einsatz hinter der Backofentür können beispielsweise kleine Backbleche geschoben werden. Nun setzen Sie die Backofentür ein. Lassen Sie die Teile über Nacht trocknen.

Anschließend kleben Sie den Herd zusammen. Beachten Sie bitte, daß die Seitenteile nicht direkt aneinander geleimt werden. Zwischen die Seitenteile werden die Beine geklebt. Lassen Sie den Herd gut durchtrocknen.

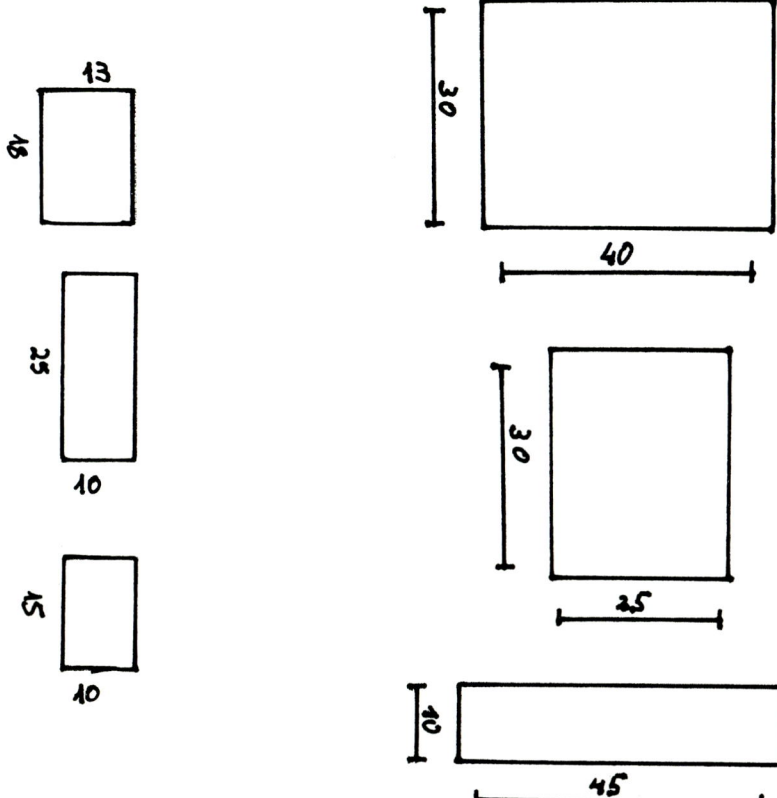

Vorlage Küche (Herd, Holz-kiste), Maßstab 1:1

Behälter für Brennholz

Der Behälter für das Brennholz ist bei dieser Art Herd unentbehrlich.
Aus 3-mm-Kiefernsperrholz wird das Werkstück angefertigt.

Material

2 Teile, 2,5 x 3 cm
2 Teile, 4 x 3 cm
2 Teile, 4,5 x 1 cm (Boden)
Weißleim
Sandpapier der Körnung 180-200
kleine Äste

Arbeitsanleitung

Kleben Sie die Kiste zusammen, und lassen Sie sie gut durchtrocknen. Die
kleinen Äste können Sie, ganz wie Sie möchten, in der Kiste festkleben oder
einfach nur hineinstecken.

Zubehör

Das Zubehör ist genauso wichtig wie die Puppenmöbel selbst, denn erst dadurch entsteht eine wohnliche Atmosphäre.

Der Fachhandel bietet eine große Auswahl an, aber meistens sind diese kleinen Miniaturen relativ teuer. Ich möchte Ihnen ein paar Tips geben, wie Sie Geschirr, Töpfe, Teller und anderes Zubehör ganz leicht selbst herstellen können. Lassen Sie Ihrer Phantasie freien Lauf!

So manches, was achtlos weggeworfen wird, eignet sich bestens für diese „Umwandlungs-Aktion":

So entstehen aus Flaschenverschlüssen Töpfe, wenn Sie sie mit etwas Silber- oder Bronze-Farbe bemalen.

Holzteller, Besteck und kleine Brettchen können Sie selbst aus Modellbauholzresten aussägen. Aus bunten, möglichst kleingemusterten Stoffresten können Sie Tischdecken, Sitzkissen, Bettwäsche und vieles mehr nähen.

Wenn Sie Stiftkappen kürzen, können Sie kleine Becher, Tassen usw. herstellen.

Diese Reihe läßt sich unendlich fortsetzen, aber einige Ideen sollten auch Sie selbst mitbringen.

Wenn auch noch „Eßbares" Ihre Puppenstube schmücken soll, können Sie aus Salzteig fast alles nacharbeiten, was Sie benötigen. Die Herstellung eines Salzteiges ist sehr einfach. Mischen Sie 2 Tassen Weizenmehl, 2 Tassen Salz und 1/2-1 Eßlöffel Tapetenkleister in einer Schüssel. Gießen Sie dann nach und nach 1 Tasse Wasser hinzu, und kneten Sie den Teig gut durch. Formen Sie die Dinge, die Sie benötigen, beispielsweise Brote, Brezeln usw., aus dem Teig. Dann lassen Sie die Teile im Backofen bei geringer Hitze langsam trocknen. Zum Schluß bemalen Sie Ihren Salzteig mit umweltfreundlichen Farben.

Ich hoffe, daß ich Ihnen zur Herstellung von Puppenstuben-Zubehör einige Anregungen geben konnte und wünsche Ihnen viel Spaß bei der Erarbeitung Ihrer selbst gestalteten Miniaturen.

Eine Auswahl aus unserem Gesamtprogramm

ISBN 3-8241-0537-3
Hardcover, 64 Seiten

ISBN 3-8241-0494-6
Hardcover, 64 Seiten

ISBN 3-8241-0470-9
Hardcover, 64 Seiten

ISBN 3-8241-0536-5
Hardcover, 64 Seiten

ISBN 3-8241-0547-0
Broschur, 64 Seiten

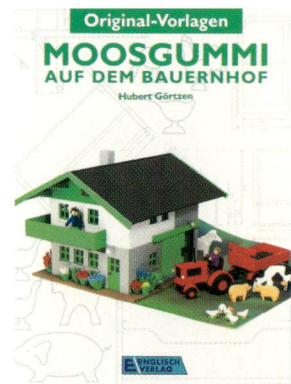

ISBN 3-8241-0549-7
Vorlagebogen mit Begleitheft

ISBN 3-8241-0340-0
Broschur, 64 Seiten

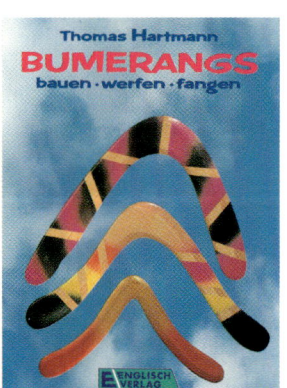

ISBN 3-8241-0401-6
Broschur, 64 Seiten

ISBN 3-8241-0382-6
Hardcover, 64 Seiten